Heimatatlas für Pommern

Weltbild

Reprint der Originalausgabe von 1928 nach dem Exemplar der Staatsbibliothek zu Berlin
Signatur: Kart. N 7754
Mit zusätzlichen Photographien aus dem Bildarchiv Preußischer Kulturbesitz

Genehmigte Lizenzausgabe für Verlagsgruppe Weltbild GmbH, Steinerne Furt, 86167 Augsburg

Einbandgestaltung: Uhlig, Augsburg/www.coverdesign.net
Gesamtherstellung: Firmengruppe APPL, aprinta druck, Wemding

Printed in the EU
ISBN 978-3-8289-4486-2

2013 2012 2011 2010
Die letzte Jahreszahl gibt die aktuelle Lizenzausgabe an.

HARMS HEIMATATLAS für POMMERN

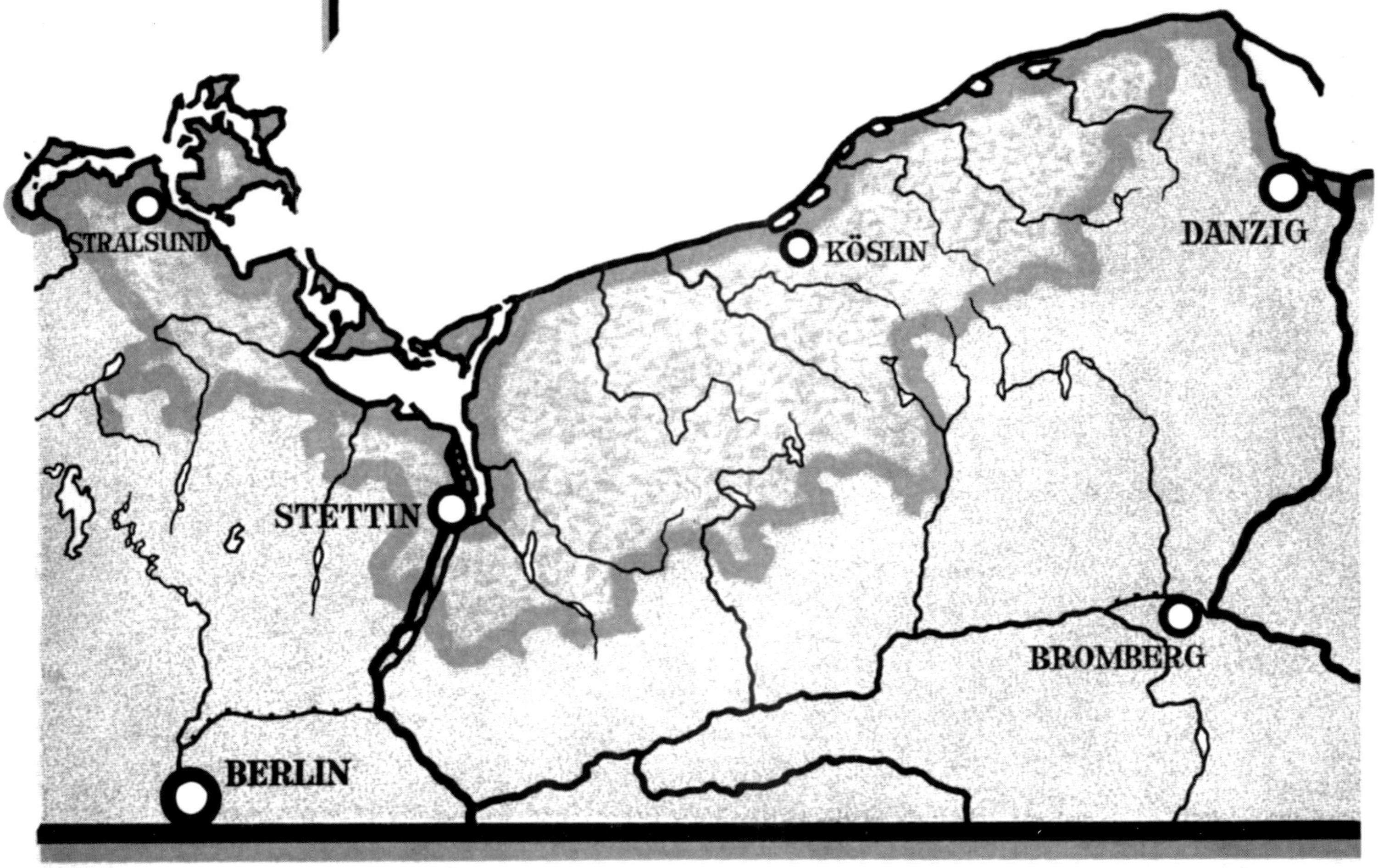

Herausgegeben im Auftrag und unter Mitarbeit des pommerschen Lehrervereins von E. Gohrbandt und K. Reinke.

VERLAG LIST UND VON BRESSENSDORF LEIPZIG

Vorwort der Originalausgabe

„Kannst ja doch von allen, die ich je gesehn,
mir allein gefallen, Pommerland, so schön."

Beseelt von diesen Dichterworten traten wir an die Erarbeitung eines Heimatatlas für Pommern heran, um Schule und Haus im Kartenbild den Reichtum und das innere Wachstum unserer blau-weißen Heimat möglichst plastisch vor Augen zu führen.

So möchte der Heimatatlas jedem Pommer zeigen, welch ein Land an landschaftlichen Reizen und wirtschaftlichen Möglichkeiten er seine Heimat heißen darf, um so in jedem den Wandertrieb zu wecken, damit aus der Kenntnis des Erschauten und Erlebten ein Gefühl des Verbundenseins erwächst. Nicht zuletzt möchte der Atlas für jeden Bewohner Pommerns der Ratgeber in heimatkundlichen und staatsbürgerlichen Fragen werden.

Um diesen hohen Zielen bei der Erarbeitung möglichst gerecht zu werden, wandten wir uns des öfteren an staatliche, städtische und private Behörden, die durch Rat und Tat unsere Arbeit uns leicht gelingen ließen. An dieser Stelle danken wir allen für die freundliche Bereitschaft.

Besonders aber sind wir dem Vorstand des Pommerschen Lehrer-Vereins zu Dank verpflichtet, der jederzeit bereit war, das Werk zu fördern.

Die Verlagsanstalt List & von Bressensdorf, die in dieser wirtschaftlich schwierigen Zeit den Mut hatte, einen so umfangreichen Heimatatlas zu einem anerkannt billigen Preise herauszugeben, konnte dies nur wagen, weil ihr auf dem Gebiete der Schulkartographie reichste Erfahrungen zur Seite stehen. — Ein kartographisches Meisterwerk hat die kartographische Anstalt Carl Starke, Leipzig, geschaffen, indem sie Zeichnung, Lithographie und Druck wohlgelungen durchführte.

Die Verfasser.

Geleitwort

Pommern – das Land am Meer und der unendlichen Weite! Von Damgarten im Westen bis zum Piasnitz-Tal im Osten reichte diese ehemals viertgrößte preußische Provinz, die sich geographisch in drei Hauptteile gliedert: Vorpommern, Hinterpommern und das Gebiet um die Landeshauptstadt Stettin.

Ein fast 500 Kilometer langer Küstenstreifen zieht sich entlang der Ostsee hin: aus feinem weißen Sand in Hinterpommern oder mit Geröll bedeckt wie am Fuße der spitzen Kreidefelsen an der Ostküste der Insel Rügen. Vom Sturm gebeutelte Fichten bieten dem landeinwärts blasenden Sand Einhalt. Aus kleinen zerriebenen Quarzkörnchen bildeten sich Dünen, auf der Insel Wollin bis über hundert Meter hoch, bei Leba als Wanderdünen, die alles Leben ersticken, aber auch Reste alten Baumbestandes konservieren.

Die Wege, die durch Pommerns Landschaft führen, sind vielfältig. Bei bizarrer Wolkenbildung zwischen Himmel und Erde zeigt der Sommer dem Wanderer die ganze Schönheit dieses Landes. Typisch sind die schmalen Straßen, die zumeist unter hohen Bäumen hindurchführen. Sie sind nur zur Hälfte gepflastert: Sommer- und Winterweg – verfestigt für beladene Wagen vom Hof zum Markt und für leere Fahrzeuge wieder zurück. Im Herbst sind Straßen und Wege schon von der Nässe, dem Nebel und dem Regen durchfeuchtet, rechts und links sieht man Stoppelfelder, das Laub trägt seine schönsten Farben. Im Winter liegen Felder, Wiesen und Dörfer unter einer dicken Schneedecke, oder eine schneefreie, doch kältestarrende Weite wird durch die kahlen Bäume und Sträucher noch betont. Das Frühjahr bringt oft Stürme und Unwetter, für die Fischer an der Küste oftmals eine Existenzbedrohung. Allmählich aber bekommen die langen Wege und Straßen hohe, seitliche Abgrenzungen durch wachsende Getreidehalme, auf denen schwere Ähren schaukeln. Charakteristisch für Pommern sind mitten in den Feldern und Wiesen die „Sölle" sowie die zahlreichen Moore. Weithin sichtbar erhebt sich die Silhouette der Backsteinkirchen in den hinterpommerschen Kleinstädten. Das Gesicht des Landes, von dem hier in Wort und Karten berichtet wird, ist vom Wasser in jeglicher Gestalt während der Eiszeit geprägt worden. Dabei wurden von den Gletschern aus dem Norden Skandinaviens große Massen von Gesteinsschutt abgeladen. Die Moränen bilden den Untergrund für fruchtbare Äcker und saftige Wiesen. Die Blöcke aus Urgestein stellen als Findlinge die Kulisse dar zu dieser Naturlandschaft. Sie sind entweder als große Steine heute noch in Vor- und Hinterpommern anzutreffen oder dienten zerkleinert als Material für Straßenbepflasterung, für profane und sakrale Bauten. Das ausgesprochene Agrarland Pommerns war einst eine der größten Kornkammern des Deutschen Reiches. Es hat, auch in seiner heutigen Gestalt, seiner herben Schönheit, der verschiedenen Küstenformen an einem fast versüßten Binnenmeer, seinen Wäldern und seiner Unendlichkeit, natürlich auch den Menschen geprägt, der dort geboren wurde und lebte.

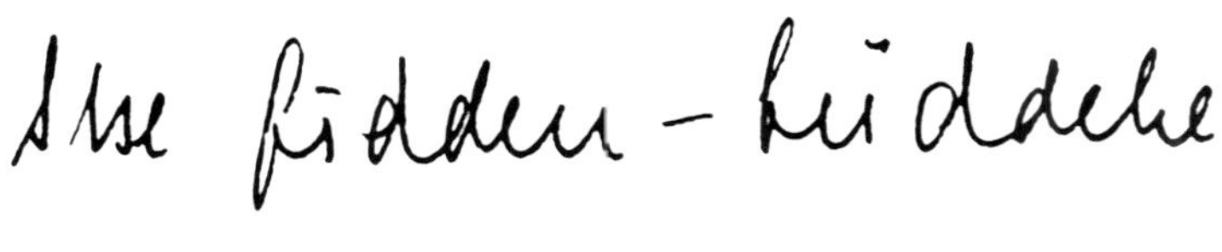

Ilse Gudden-Lüddeke
Sprecherin der Pommerschen Landsmannschaft

Vorwort

Wenn in stiller Stunde Träume mich umwehn,
Bringen frohe Kunde Geister ungesehn,
Reden von dem Lande meiner Heimat mir,
Hellem Meeresstrande düsterm Waldrevier.

Pommern – das Land am Meer – besticht durch seine unverwechselbare Küste, dunkle Wälder und eine einzigartige Seenlandschaft.

Dieses Land zu beschreiben, seine Größe und Ausdehnung zu zeigen und ein Bild seiner Städte und Landschaften zu zeichnen, dieser Aufgabe widmet sich der vorliegende Heimatatlas Pommern. Den Menschen, die in diesem schönen Land geboren wurden und dort aufwuchsen, soll er zur Erinnerung dienen, aber auch jenen, die das Land ihrer Väter und Mütter erst kennenlernen wollen, erste Eindrücke vermitteln. Ein Atlas als Sammlung einzelner Karten wäre allein dieser Aufgabe nicht gewachsen. Das Kartenmaterial wurde deshalb um historische Abbildungen, Fotos, Stammtafeln, Statistiken und beschreibende Kommentare ergänzt.

In seinem ersten Teil basiert der vorliegende Atlas auf dem „Harms-Heimatatlas für Pommern" aus dem Verlag List und von Bressendorf in Leipzig. Unter Mitarbeit des Pommerschen Lehrervereins haben E. Gohrbrandt und K. Reinke 1928 detaillierte Karten zusammengestellt, um ein umfassendes Bild der pommerschen Landschaft zu entwickeln. Um zusätzliche wichtige Aspekte der pommerschen Landeskunde darzustellen, wurde dieses Kartenmaterial nun nochmals durch weitere aussagekräftige Spezial-Karten abgerundet.

Die Bilder im zweiten Teil zeigen dann einige typische Ansichten der Städte und Landschaften Pommerns aus der Zeit vor 1945. Daß es sich dabei nur um eine Auswahl handeln kann, ist selbstverständlich. Dennoch geben die ausgewählten Abbildungen einen interessanten und eindringlichen Überblick über Landschaften, Orte, Kirchen und Burgen.

Im dritten und letzten Abschnitt wird die Geschichte Pommerns aufgezeichnet, in historischen Karten und Abbildungen mit entsprechenden Kommentierungen. Dabei werden auch berühmte Persönlichkeiten, die das Land hervorgebracht hat, vorgestellt.

Der Heimatatlas Pommern vermittelt so einen vielschichtigen Einblick in Geschichte und Geographie einer Landschaft, die als Kornkammer Deutschlands berühmt war und auch heute noch die Menschen in ihren Bann zieht.

Bist ja doch das eine auf der ganzen Welt,
bist ja mein, ich deine, treu dir zugestellt.
Kannst ja doch von allen, die ich je gesehn,
mir allein gefallen, Pommernland, so schön.
(aus: Das Pommernlied. Text Adolf Pompe, 1852)

Inhaltsverzeichnis

Kartenteil

Die Lage Pommerns innerhalb Mitteleuropas
Staatengrenze
Grenze des Deutschen Reiches
Alte Grenze des Deutschen Reiches
Landesgrenze
Provinzgrenze
innerhalb des Deutschen Reiches
0 50 100 150 200 250 300 km
Zeichnung: O. Stollt
FINNLAND
NORWEGEN
SCHWEDEN
ESTLAND
LETTLAND
LITAUEN
NORDSEE
OSTSEE
DÄNEMARK
NIEDERLANDE
BELGIEN
FRANKREICH
POMMERN
MECKLENBURG
PREUSSEN
OLDENBG
BRAUNSCHWEIG
THÜRINGEN
SACHSEN
HESSEN
BADEN
WÜRTTEMBERG
BAYERN
POLEN
TSCHECHOSLOWAKEI
ÖSTERREICH
UNGARN
SCHWEIZ
ITALIEN
SÜDSLAWIEN
Bergen
Oslo
Stockholm
Helsingfors
Reval
Riga
Kowno
Königsberg
Danzig
Kopenhagen
Lübeck
HAMBURG
Bremen
Hannover
BERLIN
Stettin
WARSCHAU
Lodz
Breslau
Amsterdam
Rotterdam
Brüssel
Dortmund
Essen
Düsseldorf
Köln
Frankfurt
Leipzig
Dresden
Prag
Nürnberg
Stuttgart
München
WIEN
BUDAPEST
Basel
Bern
MAILAND
Turin
Venedig
300 km
580 km
815 km
820 km
590 km
450 km
780 km
755 km
690 km
975 km

Stettin und das Odertal

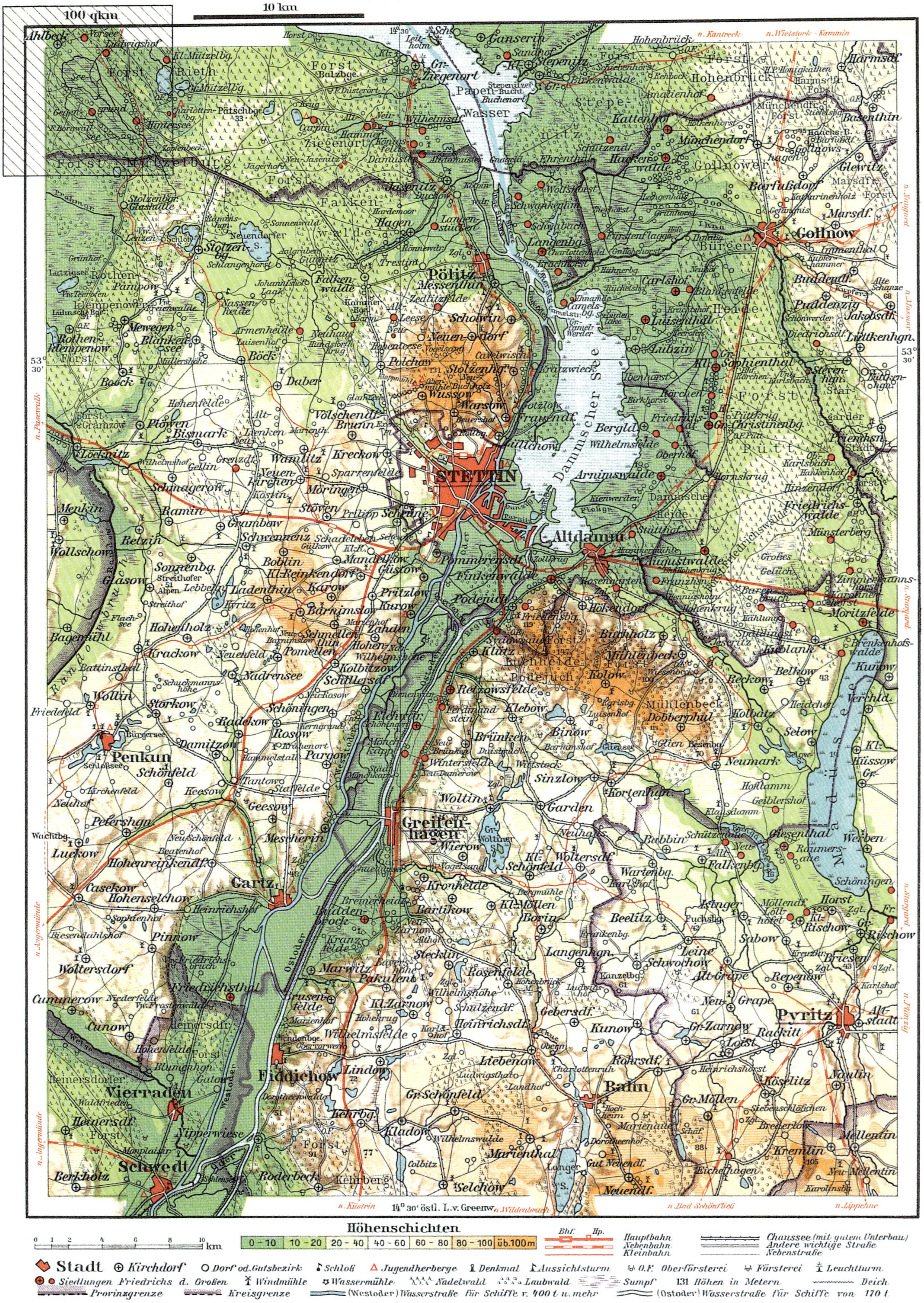

Stettin und Umgebung

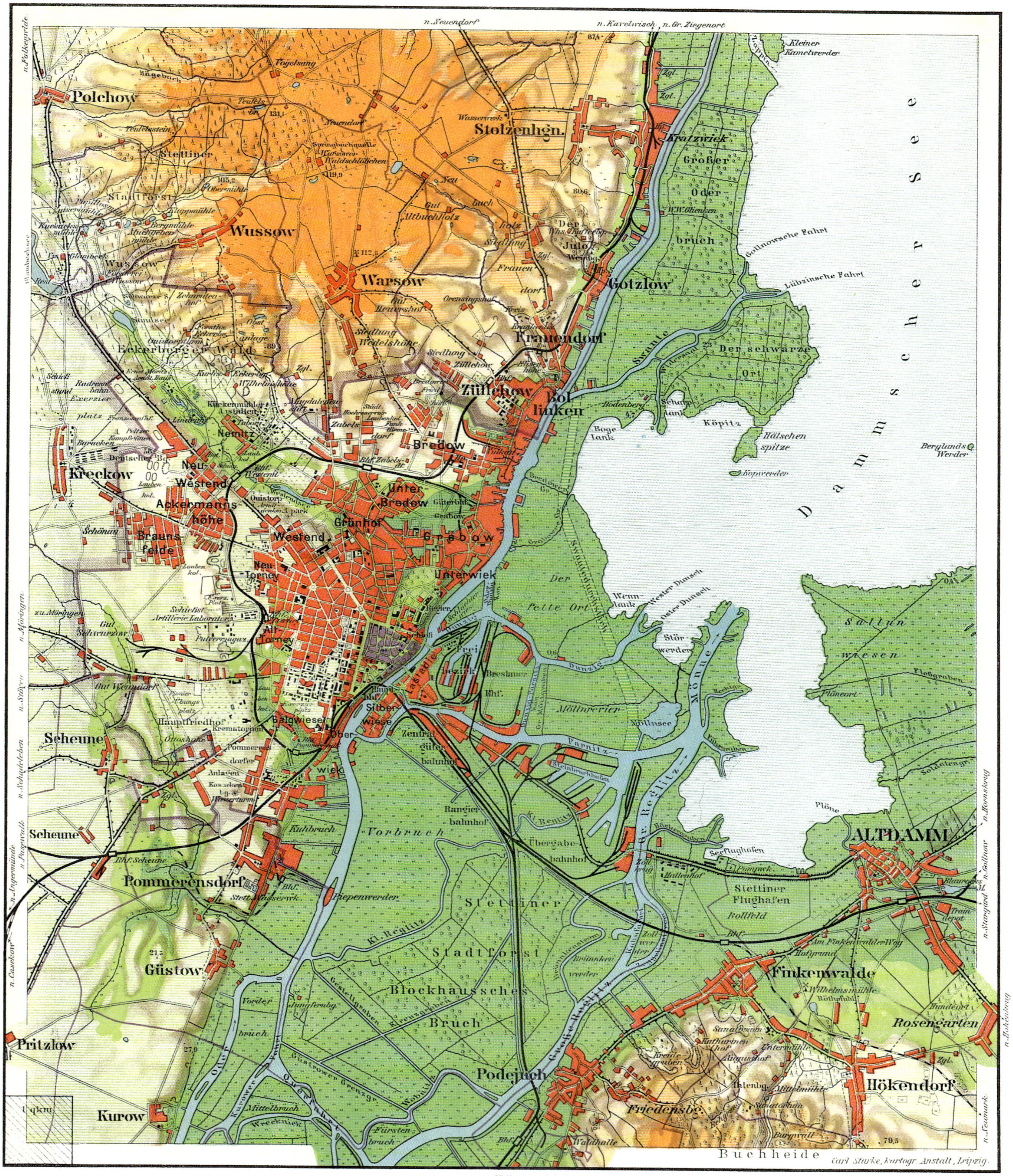

Höhenschichten: 0-10 m | 10-20 | 20-40 | 40-60 | 60-80 | 80-100 | über 100 m

Altstadt | Stadtgebietsgrenze | Gemeindegrenze

0 500 1000 2000 3000 4000 5000 m

Stettiner Hafen

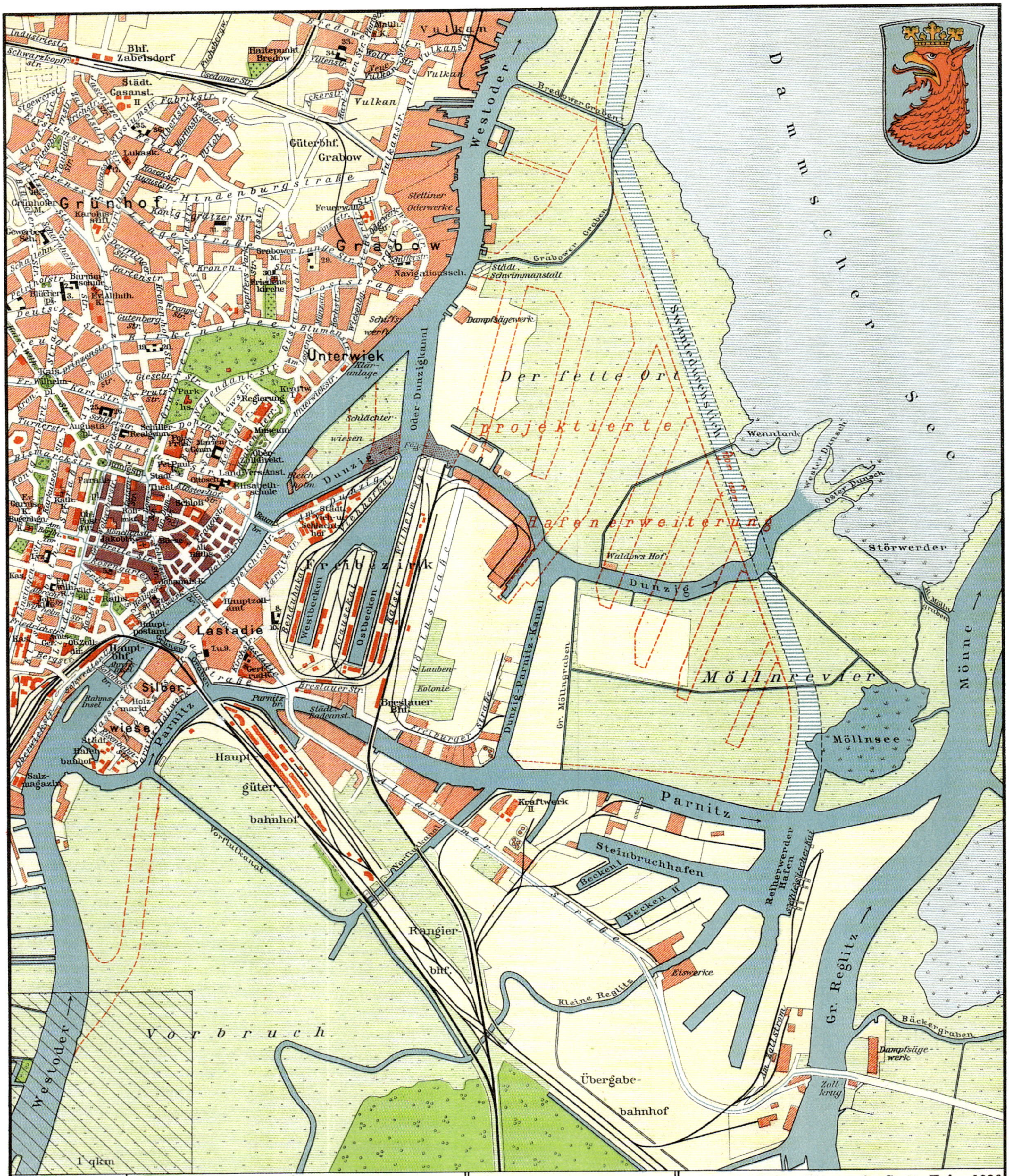

Verkehr im Stettiner Hafen	1. Seewärtiger Verkehr					Güterumschlag in To. zu 1000 kg	
		Eingang		Ausgang			
Jahr		Schiffe	cbm	Schiffe	cbm	Eingang	Ausgang
1913		5926	7553334	6200	7650190	4254563	1990975
1924		2926	4396000	2856	4102000	2036930	694501
1925		3936	5726115	3810	5638125	3154264	1011066
1926		5170	7621534	5263	7730279	2087767	3699005

2. Binnenschiffahrtsverkehr (Kahnumschlag)

Jahr	Eing. in To.	Ausg. in To.	Insgesamt
1913	1902302	2384694	4286996
1924	924416	1026158	1950574
1925	1128684	1409627	2538311
1926	1721296	1048969	2770265

3. Die wichtigsten Flaggen im Stett. Hafen 1926

Zahl der Schiffe		Schiffsraum in cbm	Zahl der Schiffe		Schiffsr. in cbm
deutsch	2916	3522708	norwegisch	333	557481
englisch	868	1298241	finnisch	40	118581
schwedisch	748	857911	holländisch	99	111471
dänisch	580	843025	lettisch	16	38263

4. Stettiner Schiffe 1925: 20 Segelschiffe mit 3441 Brutto-Reg.-To., 4 Seeleichter mit 641 Brutto-Reg.-To., 154 Dampfschiffe mit 176947 Brutto-Reg.-To., 1 Motorschiff mit 41 Brutto-Reg.-To.

Verlag List u. von Bressensdorf, Leipzig

Schule

0 250 500 1000 1500 2000 m

Straßenbahn

Stadtpläne

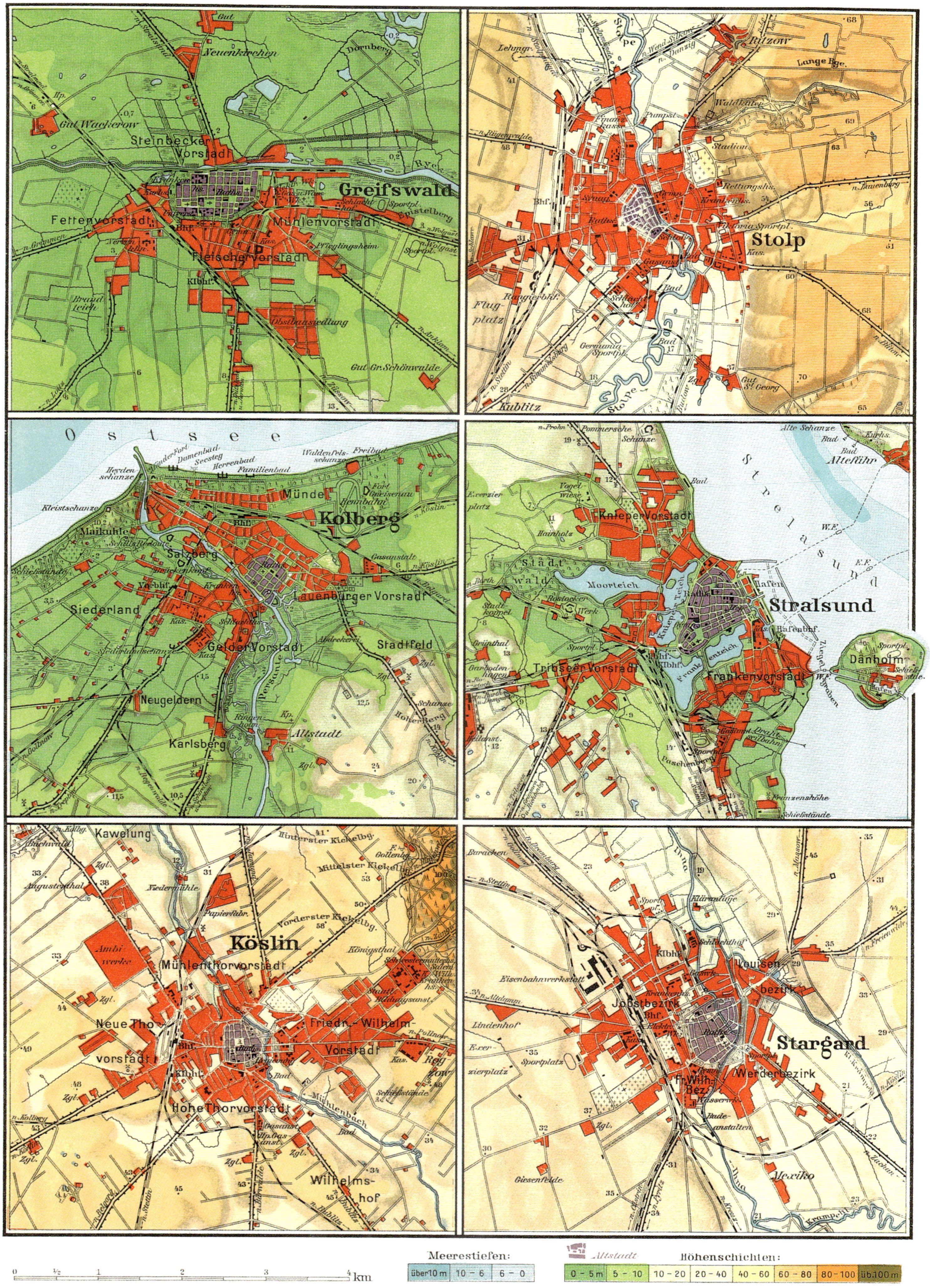
Greifswald
Stolp
Ostsee
Kolberg
Strelasund
Stralsund
Köslin
Stargard
0 ½ 1 2 3 4 km
Meerestiefen:
über 10 m
10 - 6
6 - 0
Altstadt
Höhenschichten:
0 - 5 m
5 - 10
10 - 20
20 - 40
40 - 60
60 - 80
80 - 100
üb. 100 m

Mündungsgebiet der Oder

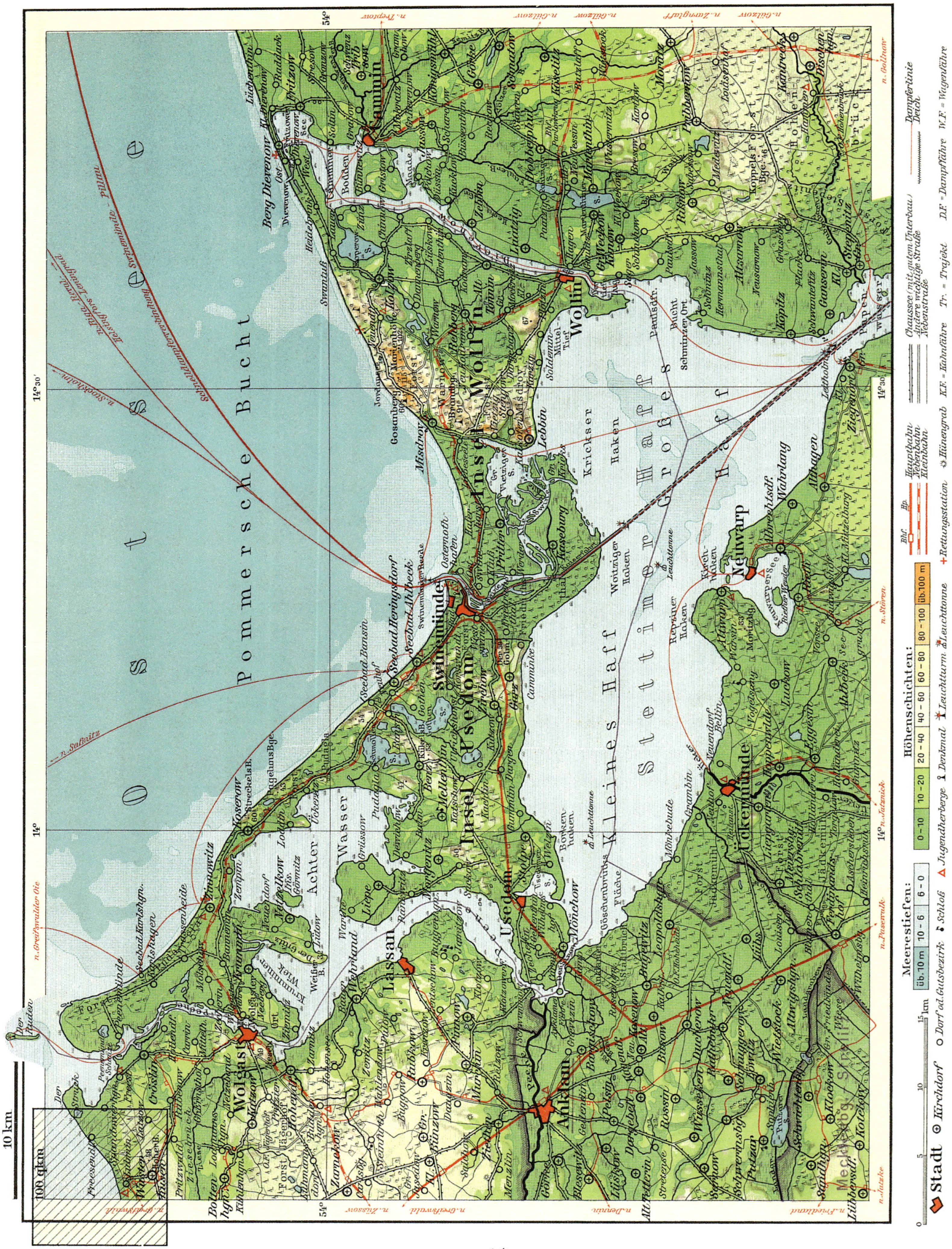

Charakterlandschaften

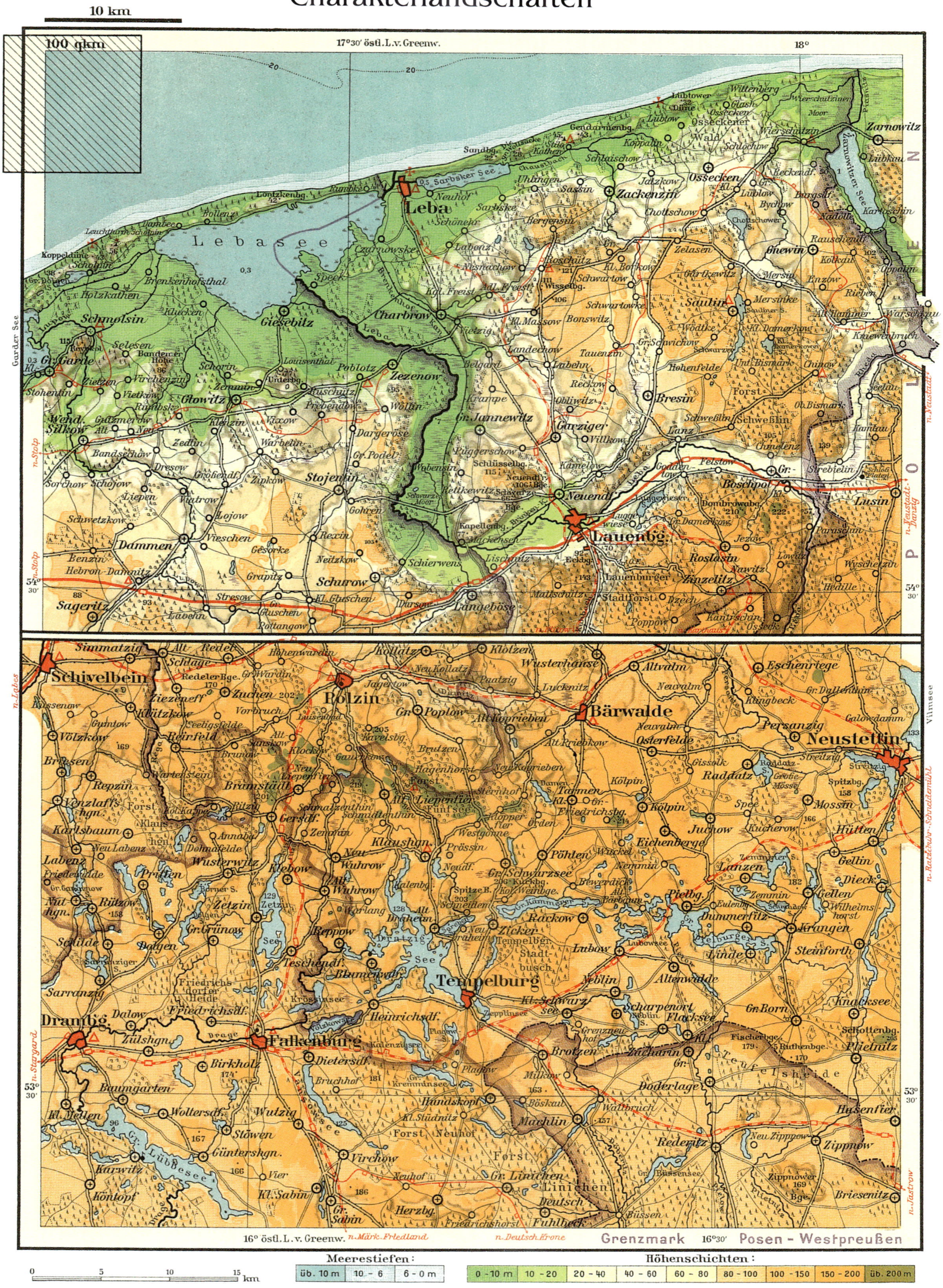

INSEL RÜGEN
I. MÖEN
Stege
Bergen
STRALSUND
BARTH
Richtenberg
Franzburg
Grimme
Tribsees
GREIFSWALD
WOLGAST
Loitz
DEMMIN
Jarmen
Gützkow
Lassan
ANKLAM
SWINEMÜNDE
Pommersche Bucht
Kleine Haff
Grosse Haff
Ückermünde
FRIEDLAND
Treptow
Stavenhagen
Malchin
Teterow
Neu Kalden
Gnoien
Tessin
Sulz
Marlow
Ribnitz
Damgarten
Waren
Malchow
NEU BRANDENBURG
Stargard
Woldeck
Strassburg
PASEWALK
Löknitz
STETTIN
PRENZLOW
GARZ
SCHWEDT
Angermünde
KÖNIGSBERG
Oderberg
NEUST. EBERSWALDE
Uebersicht der Eintheilung.
Regierungs-Bezirk Stettin
1 Kreis Randow
2 — Greiffenhagen
3 — Pyritz
4 — Saazig
5 — Naugard
6 — Regenwalde
7 — Greiffenberg
8 — Kammin
9 — Usedom-Wollin
10 — Ückermünde
11 — Anklam
12 — Demmin
Regierungs-Bezirk Köslin
1 Kreis Fürstenthum
2 — Belgard
3 — Schiefelbein
4 — Dramburg
5 — Neu-Stettin
6 — Rummelsburg
7 — Schlawe
8 — Stolpe
9 — Lauenburg-Bütow
Regierungs Bezirk Stralsund
1 Kreis Franzburg
2 — Bergen
3 — Grimme
4 — Greifswald

Pommern um 1850

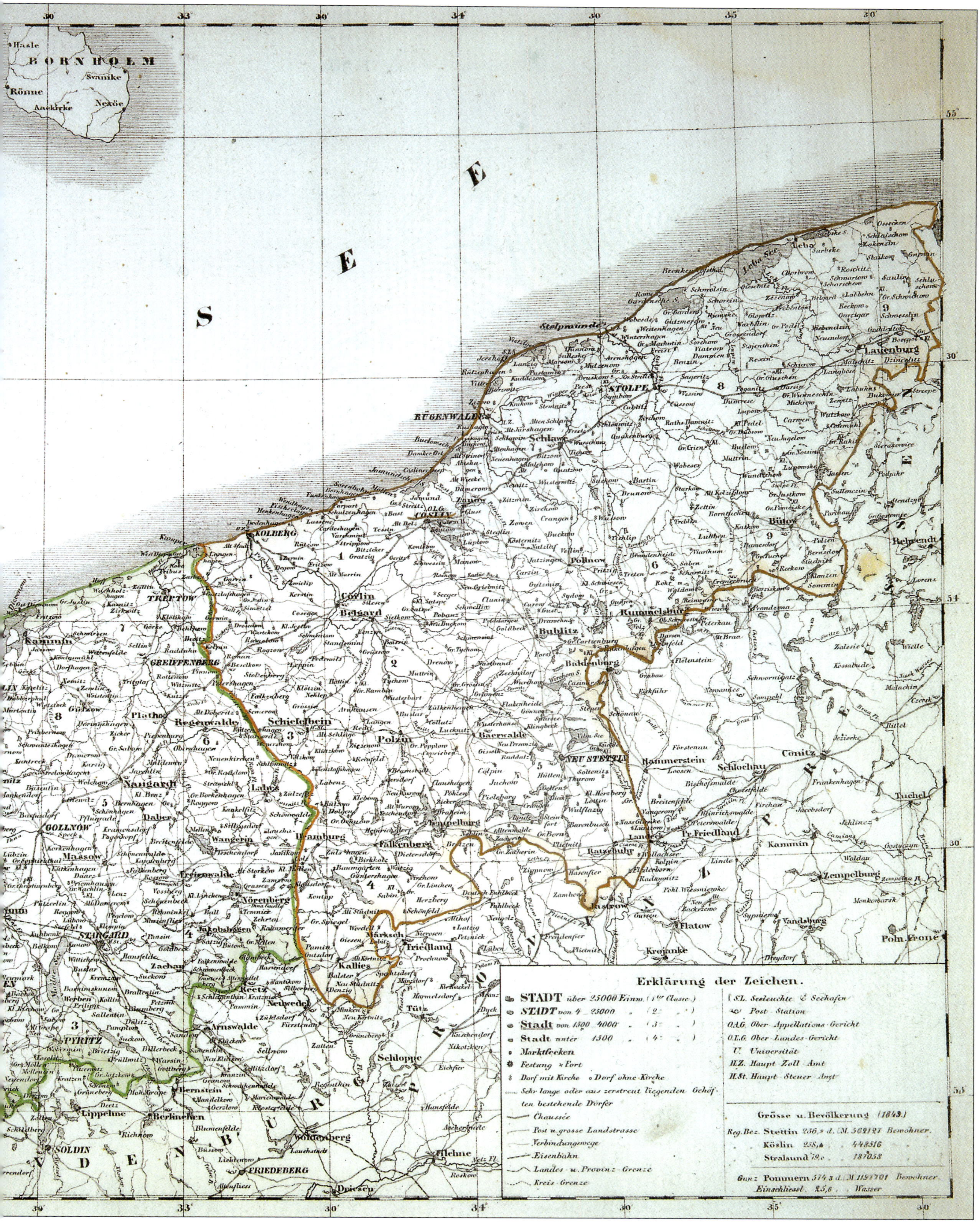

100 km
100 qkm
Arkona
Hiddensee
Jasmund
Rügen
Bergen
Stralsund
Barth
Zingst
Prerow
Darß
Darßer Ort
Ribnitz
Damgarten
Richtenbg.
Franzbg.
Grimmen
Greifswald
Greifswalder Bodden
Greifswalder Oie
Wolgast
Usedom
Oderbank
Pommersche Bucht
O s t
Swinemünde
Wollin
Anklam
Demmin
Loitz
Gnoien
Laage
Tessin
Marlow
Sülze
Teterow
Malchin
Neukalen
Stavenhgn.
Treptow
Friedland
Ueckermünde
Kleines Haff
Stettiner Haff
Großes Haff
Neuwarp
Pasewalk
STETTIN
Altdamm
Gollnow
Pölitz
Neubrandenbg.
Mecklenburg
Waren
Müritz See
Malchow
Röbel
Penzlin
Woldegk
Strasbg.
Prenzlau
Neustrelitz
Strelitz
Wesenberg
Fürstenbg.
Lychen
Templin
Wittstock
Rheinsbg.
Gransee
Zehdenick
Neuruppin
Altruppin
Fehrbellin
Kremmen
Oranienbg.
Liebenwalde
Eberswalde
Freienwalde
Bernau
Wriezen
Angermünde
Schwedt
Vierraden
Gartz
Greifenhgn.
Pyritz
Königsbg.
Neudamm
Küstrin
Sonnenbg.
Mecklenburg Schwerin
Vorpommern
Uckermark
Brandenburg
Oderbruch
13
14
54
53
n. Berlin
n. Nauen
km
Meerestiefen:
üb. 10 m
10 – 6
6 – 0 m
Höhenschichten:
0 – 10 m
10 – 20
20 – 40
40 – 60
60 – 80
80 – 100
100 – 150
150 – 200
üb. 200 m

Pommern 1928

Grenzlage und politische Gliederung

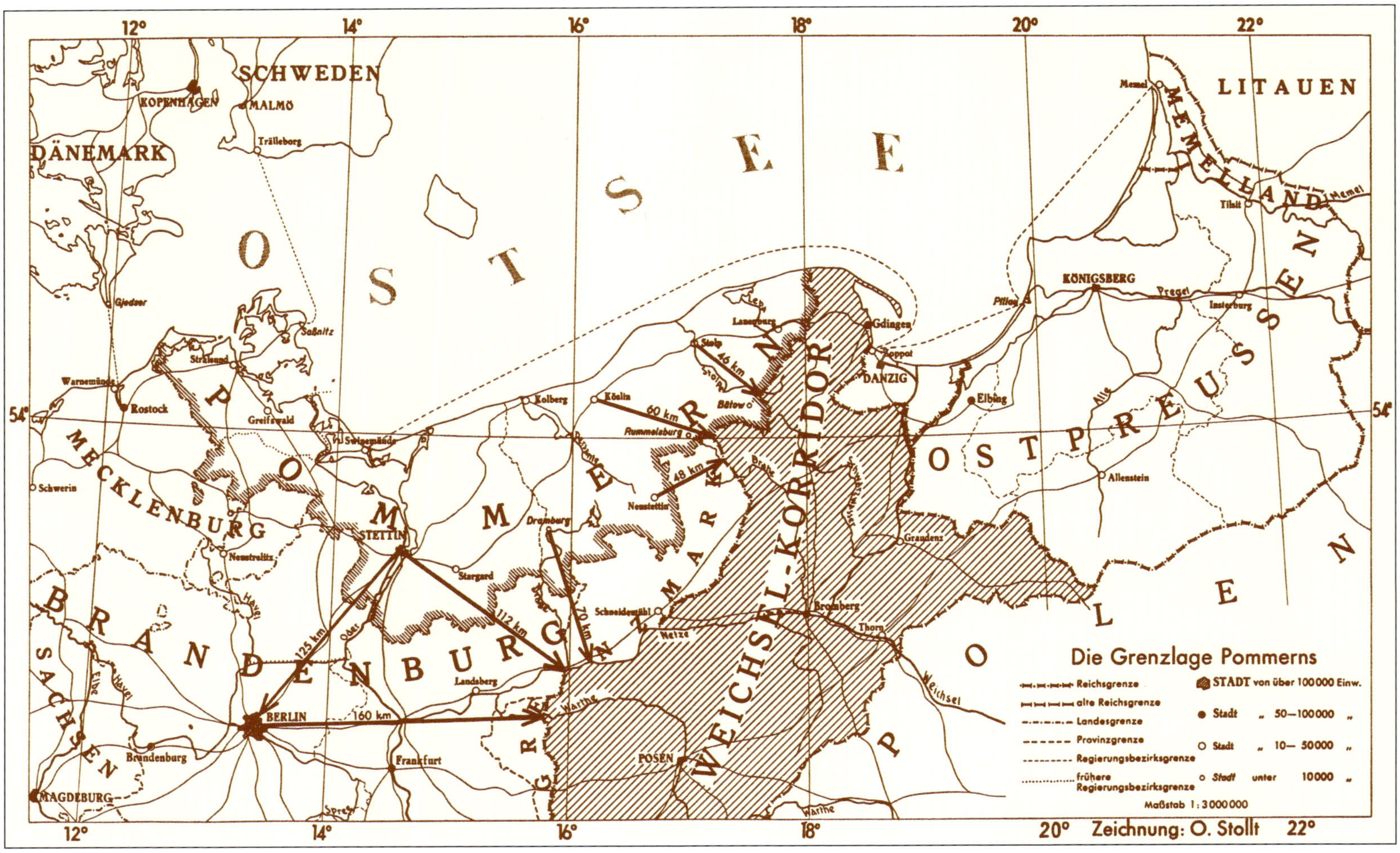

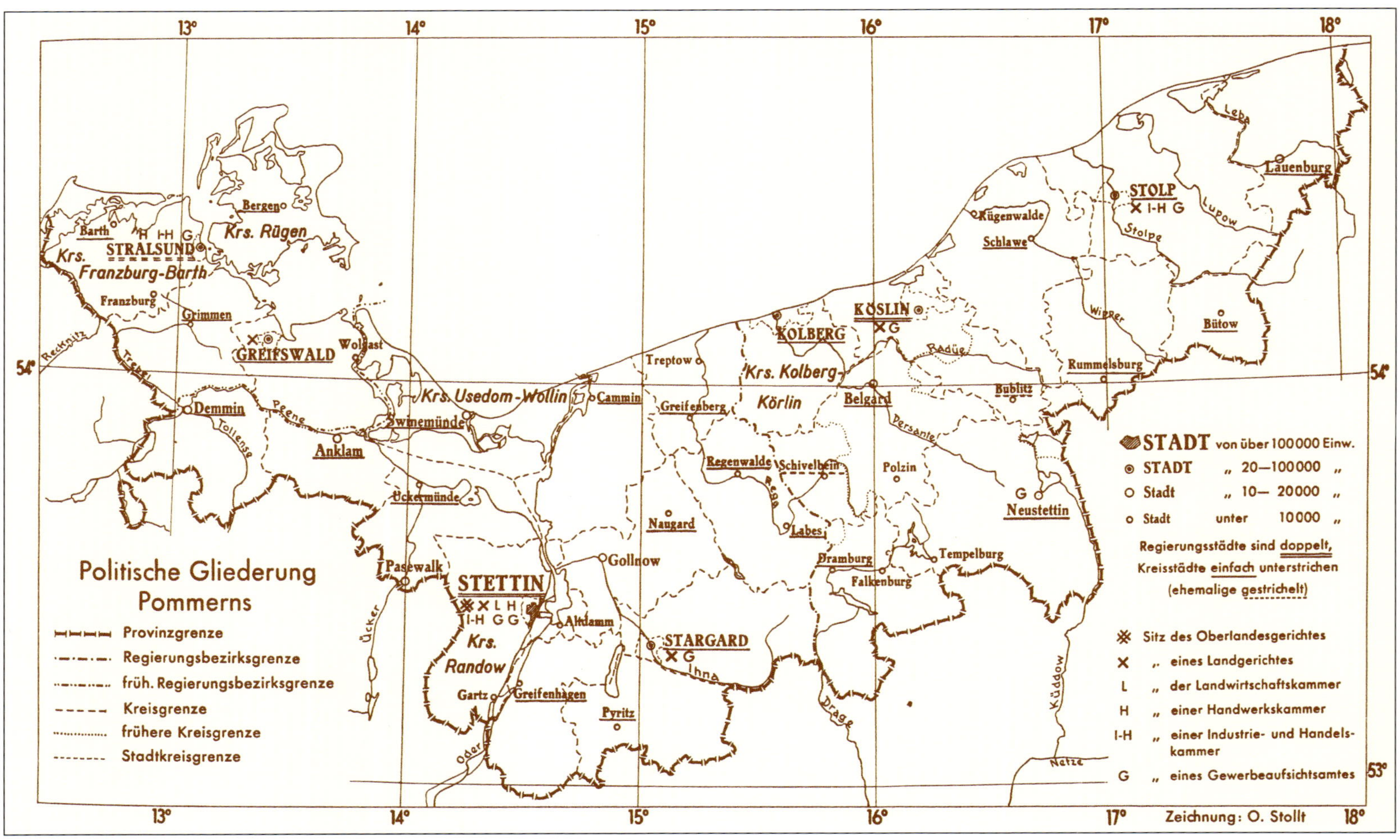

Bansin

Heringsdorf

Ahlbeck

Heringsdorf -
Bahnhof
Eisenbahn
H.P. Halte Punkt
Eisenbahn im Bau
Chaussee
breiter Orts-verbindungsweg
Zinnowitz Wolgaster Fähre
Seebad Bansin
Heringsdorf
Ahlbeck
Swinemünder Rhede
SWINEMÜNDE
Schmollen See
Pudagla
Benz
Labömitz
Katschow
Kachliner See
Kachlin
Thur-Bruch
Gothen-See
Insel Usedom
Korswandt
Wolgast-S.
Ulrichshorst
Zirchow
Görke
Kutzow
Garz
Dargen
Bossin
Newerow
Caminke
Friedrichsthal
Westswine
Ostswine
Osternothhafen
Swine
Werder
Der große Mellin
Der kleine Mellin
Das kleine Haff

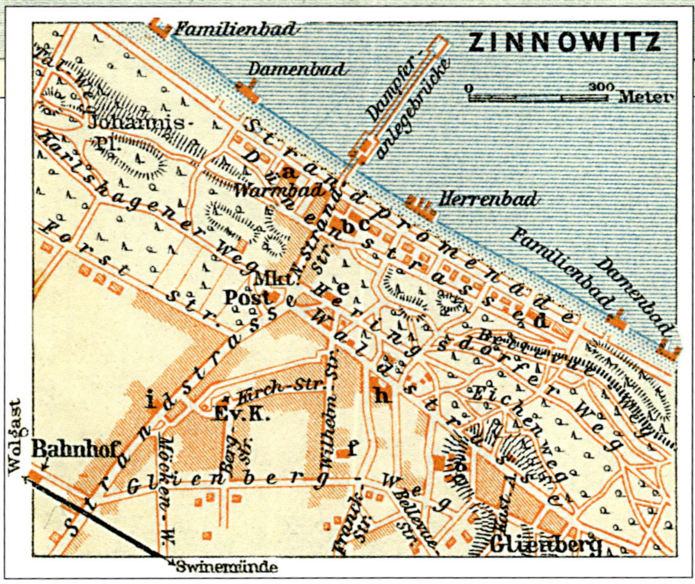
ZINNOWITZ
Familienbad
Damenbad
Herrenbad
Dampfer-anlegebrücke
Strandpromenade
Johannis-Pl.
Warmbad
Post
Mkt.
Ev. K.
Bahnhof
Wolgast
Swinemünde
Glienberg

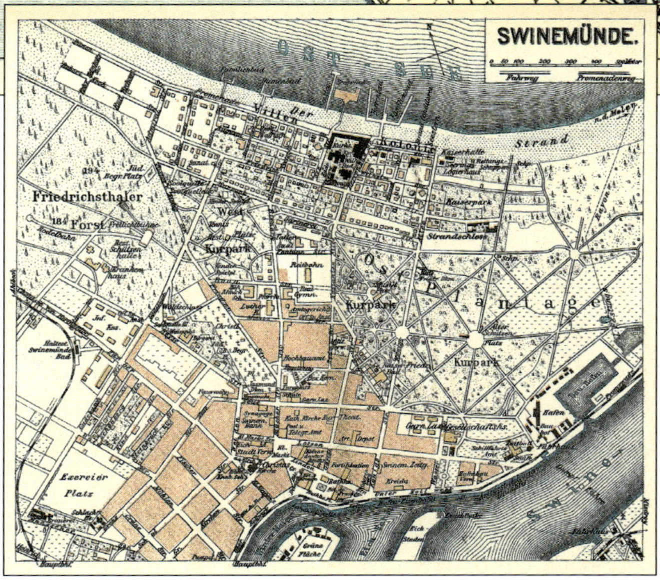
SWINEMÜNDE.
Friedrichsthaler Forst
Exerzier Platz
Kurpark

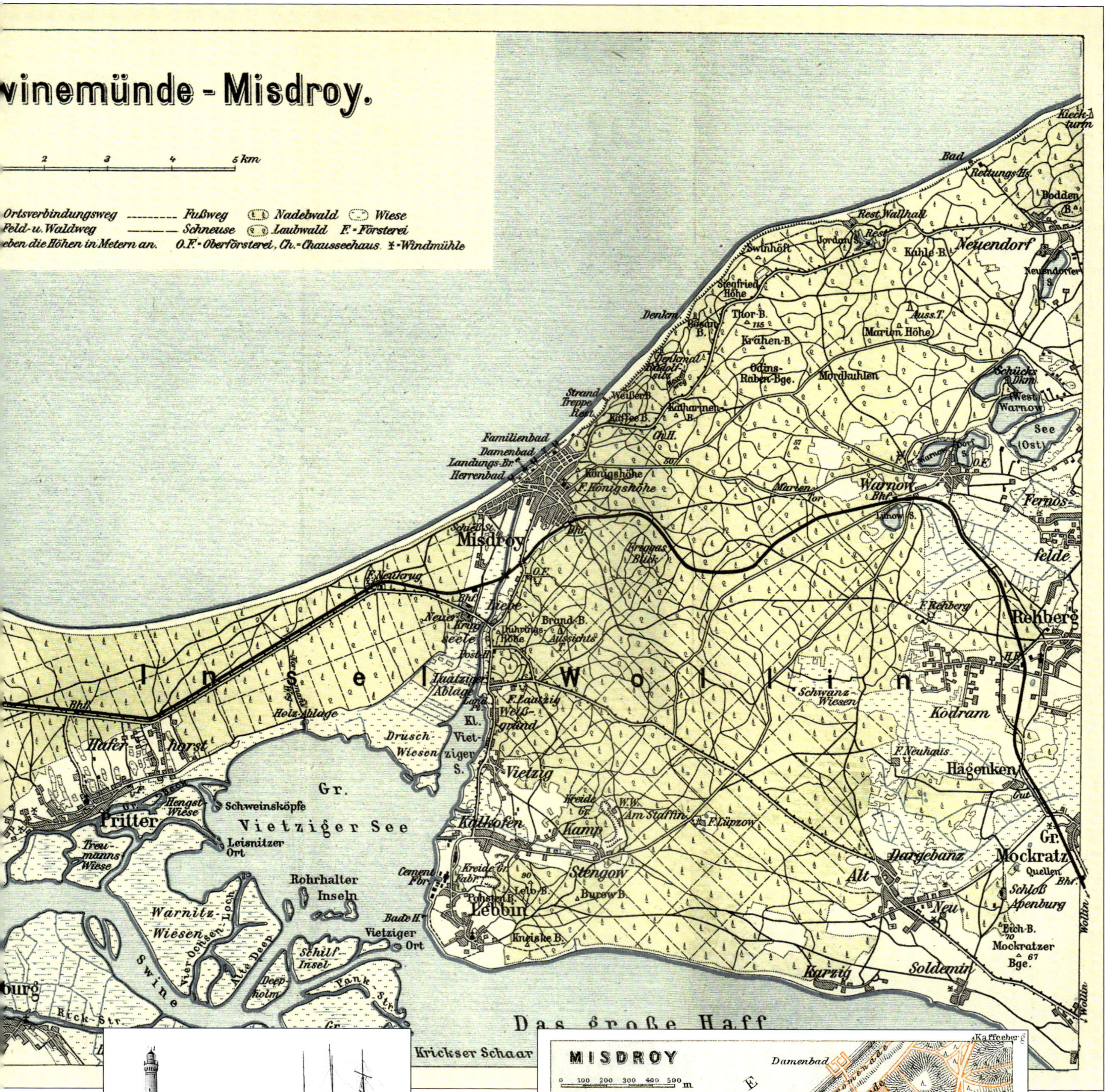

Swinemünde

Misdroy

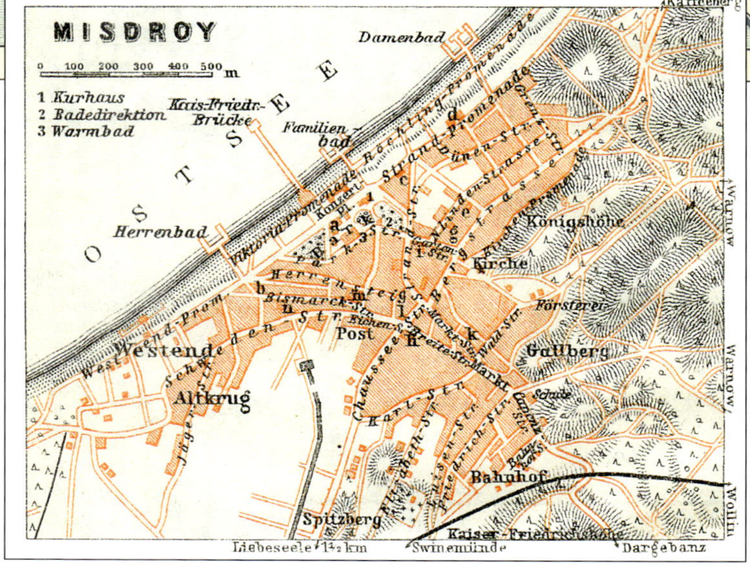

Rügen

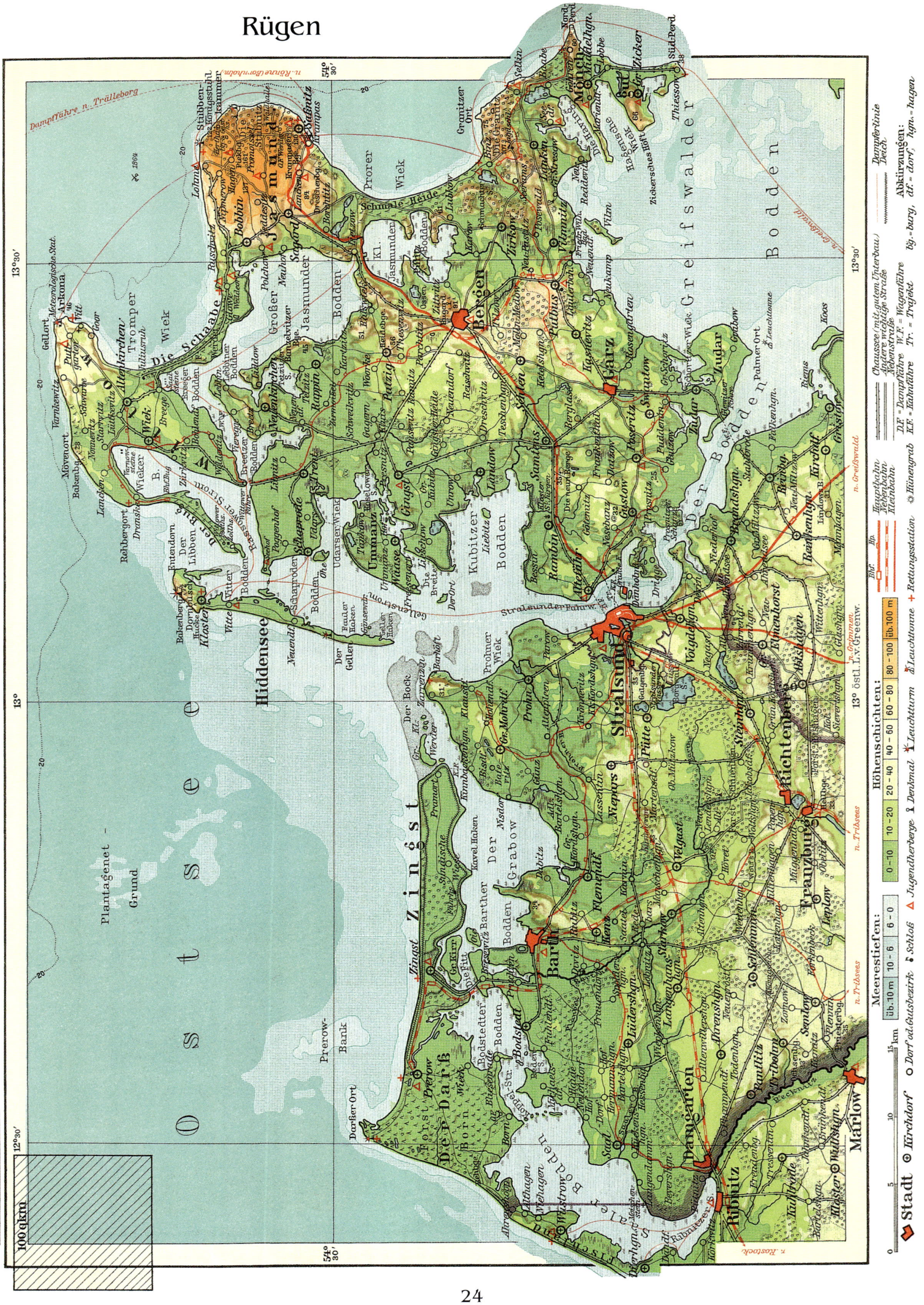

Ostsee
Hiddensee
Zingst
Der Darß
Stralsund
Bergen
Barth
Ribnitz
Marlow
Richtenberg
Franzburg
Damgarten
Greifswalder Bodden
Jasmund
Wittow
Plantagenet - Grund
Prerow-Bank
Höhenschichten:
Meerestiefen:

Orte auf Rügen

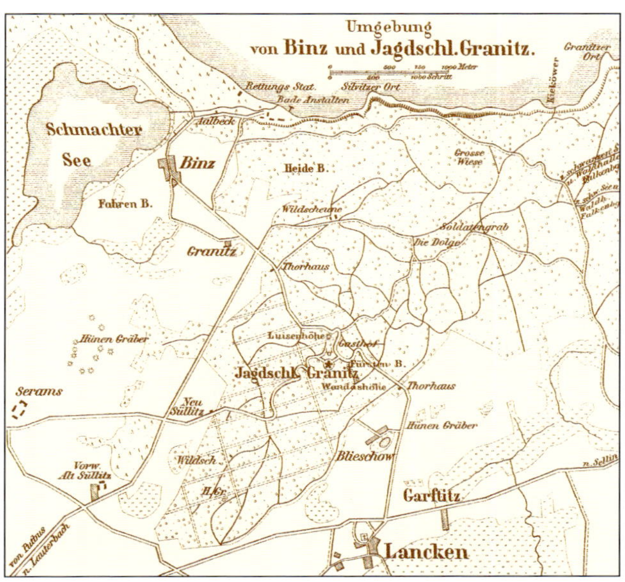

Stubbenkammer

Saßnitz

Saßnitz

Binz

Sellin

Ländliche Siedlungen

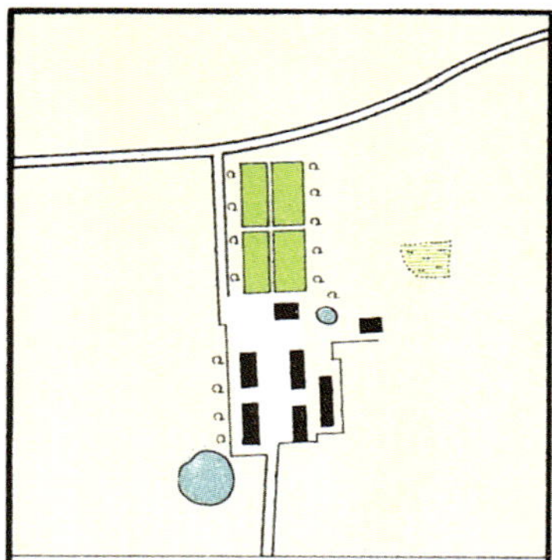

Gutshof **Polkvitz** auf Rügen im Besitz der Herrschaft Putbus.
Größe: 396 ha, schwerer Boden.

0 100 200 300 400 500 m

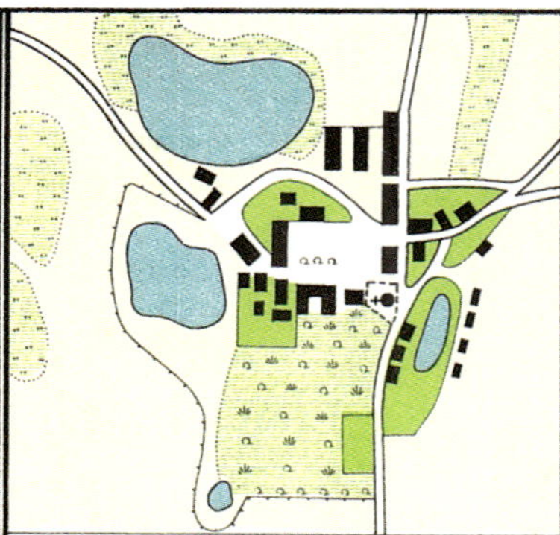

Gutsdorf **Pomellen,** Kreis Randow, urkundlich zuerst 1243 erwähnt, gelangt es in Besitz des Nonnenklosters in Stettin, das das Geschlecht von Wussow damit belehnt.
Größe: 782 ha, mittlerer Boden.

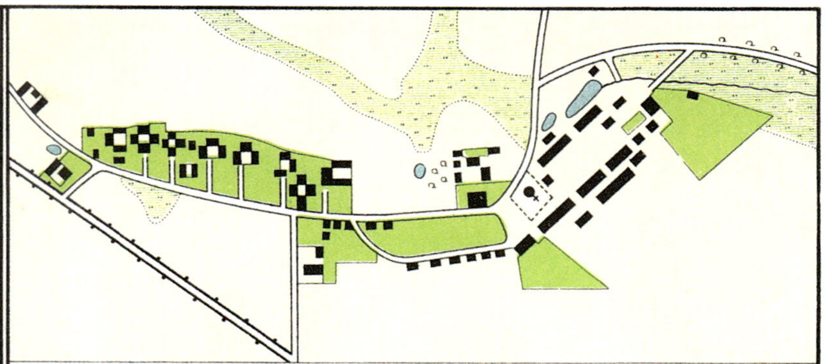

Landgemeinde und Gutsbezirk **Alt Ristow,** Kreis Schlawe, vor 1300 im Besitz des Geschlechts von Natzmer.
Größe: 255 und 961 ha, mittlerer Boden.

0 100 200 300 400 500 m

Zizow, Kreis Schlawe, Landgemeinde, urkundlich vor 1300 im Besitz Adliger, von 1378—1810 Eigentumsdorf der Stadt Rügenwalde, besitzt seit 1330 eine selbständige Pfarre.
Größe: 650 ha, schwerer und mittlerer Boden.

0 100 200 300 400 500 m

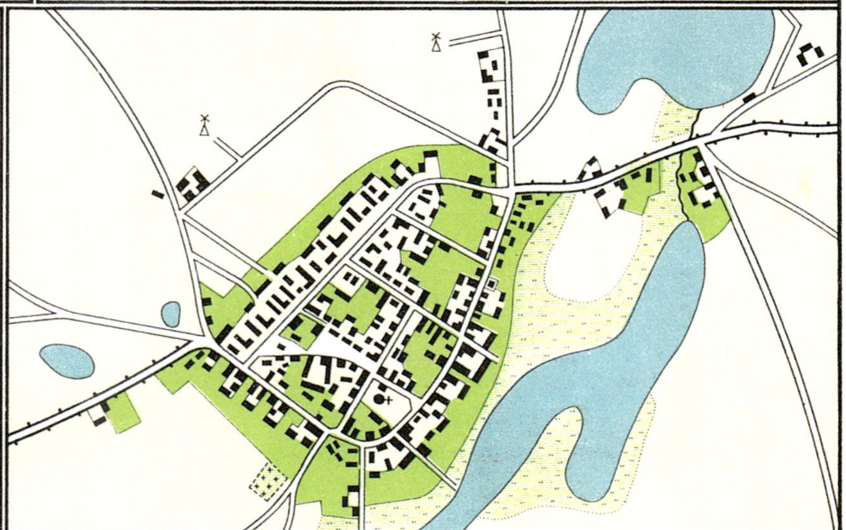

Woltin, Kreis Greifenhagen, Landgemeinde, wird 1212 dem Kloster Kolbatz als Eigentum bestätigt. Es ist als Burgflecken zu der am Burgsee liegenden Burg entstanden und besaß Stadtrechte. 1611 beantragten die Woltiner als Bauern anerkannt zu werden.
Größe: 2647 ha, mittlerer Boden.

0 100 200 300 400 500 m

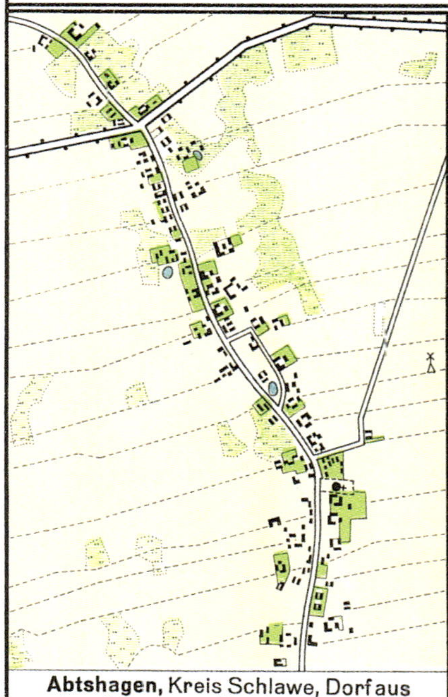

Abtshagen, Kreis Schlawe, Dorf aus einer Gruppe von Waldhufendörfern, die vom Kloster Buckow nach 1252 in einem größeren Waldgebiet angelegt wurden.
Größe: 1071 ha, schwerer und mittlerer Boden.

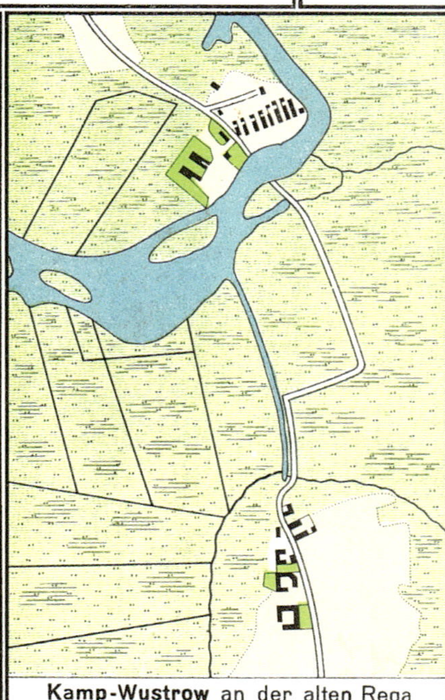

Kamp-Wustrow an der alten Rega und dem Kampsee gelegen, urkundlich zuerst 1307 und 1180 erwähnt, waren Besitz des Klosters Belbuck. Kamp hat heute noch niedersächsische Bauernhäuser. Größe: 859 ha, Sandboden, moorige Wiesen.

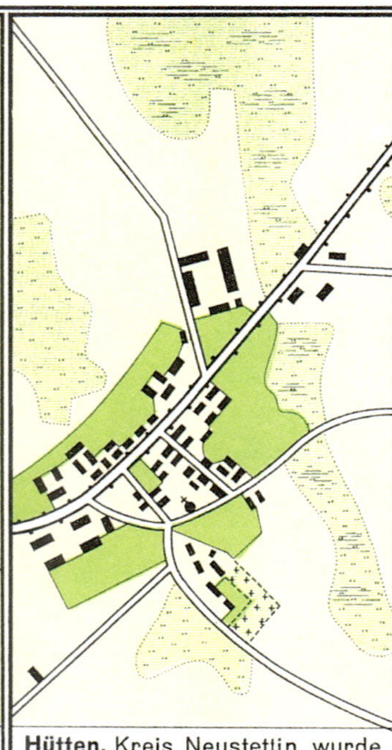

Hütten, Kreis Neustettin, wurde 1563 von Klaus von Puttkammer in einem großen Waldgebiet angelegt (Stubbenhütte), wird 1588 herzoglicher Besitz.
Größe: 889 ha, Sandboden.

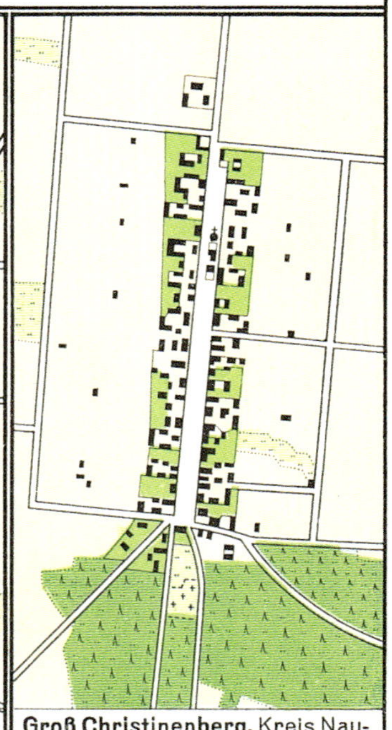

Groß Christinenberg, Kreis Naugard, 1754 angelegte Kolonie in der Friedrichswalder Forst. Angesetzt wurden 18 Bauern, 1 Schulmeister, 1 Schmied.
Größe: 533 ha, Sandboden.

Hackenwalde, Kreis Naugard, gegründet 1752 auf Gollnower Stadtgebiet, welches früher die Feldmark des im dreißigjährigen Kriege untergegangenen Dorfes Schmiedeberg bildete. Dieses Dorf gelangte 1309 in Besitz der Stadt. Angesetzt wurden ursprünglich auf der Kolonie 20 Holländer.

Größe: 538 ha, Sand- und Moorboden.

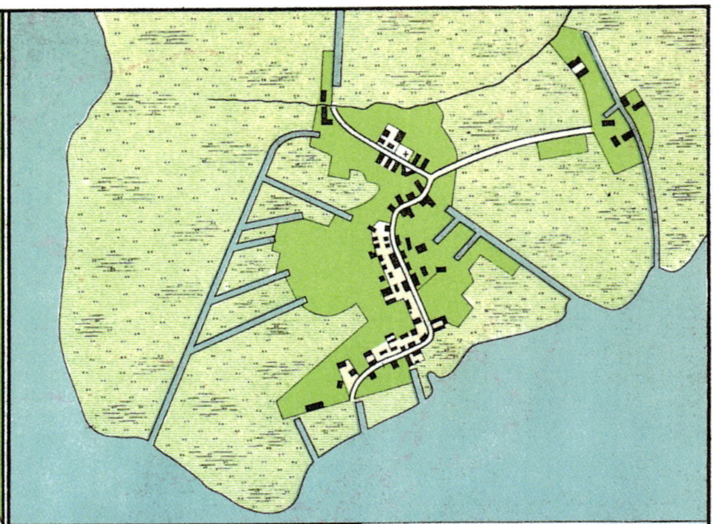

Kamelsberg, Kolonistensiedlung am Dammschen See und Kamelstrom, angelegt auf Stettiner und Gollnower Stadtgebiet. Die Dorfstraße folgt dem Verlauf einer Sanddüne. Das Gut Ihnamünde liegt an der früheren Ihnamündung.

Größe: 476 ha, Moorboden.

0 100 200 300 400 500 m

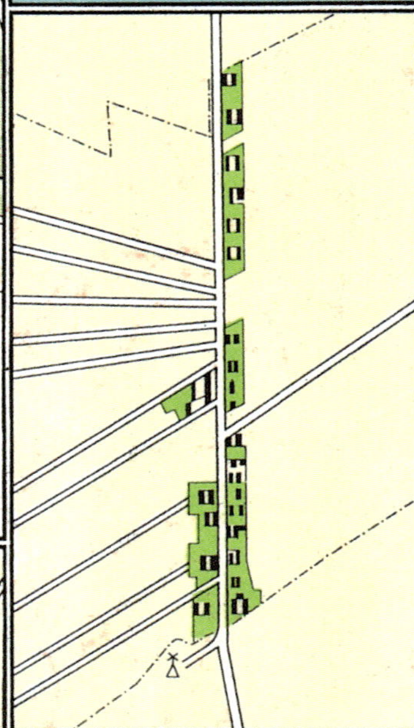

Neu Maldewin, Kreis Regenwalde, seit 1823 auf den Ländereien, welche die Bauern von Maldewin bei Regelung der Besitzverhältnisse an den Grundherrn abtreten mußten, entstandene Siedlung von 22 Kolonisten.

Größe: 106 ha, Sandboden.

0 100 200 300 400 500 m

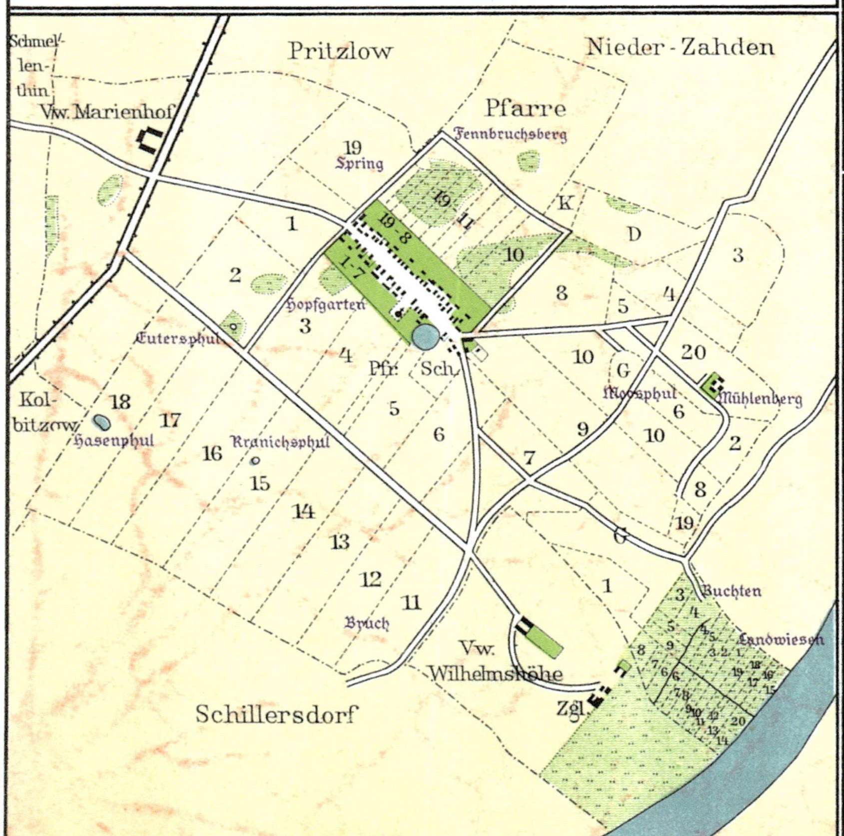

Loslösung von der Grundherrschaft und Gemeinheitsteilung **Hohenzahden** 1821, Kreis Randow, urkundlich zuerst 1203 erwähnt. Das Marienstift zu Stettin besaß hier 11 Bauernhöfe und die Mühle, die Herrschaft Pritzlow 8 Bauern. Die Ländereien, die das Marienstift erhielt, kaufte Pritzlow und errichtete darauf das Vorwerk Marienhof, während es auf dem ihm zufallenden Gebiete das Vorwerk Wilhelmshöhe anlegte.

Größe der Landgemeinde: 480 ha, schwerer Boden. Moosphul, Spring = Flurnamen
D = Schulzendienstland, G = gemeinschaftlich, K = Kirche, Sch = Schule.

(Nach der Aufteilungskarte von Hohenzahden.)

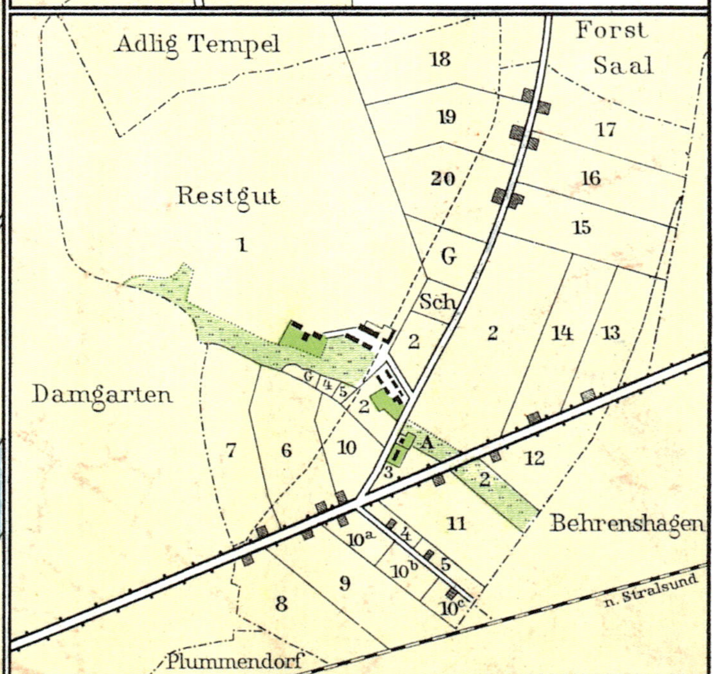

Innere Kolonisation der neuesten Zeit 1919/20, **Tempel,** Kreis Franzburg. Auf dem früheren Domänenvorwerk Tempel, auf Teilen von Adlig Tempel und Behrenshagen ist die Landgemeinde Tempel entstanden. Tempel Vorwerk = 169,0 ha, Anteil Adlig Tempel = 168,4 ha, Anteil Behrenshagen = 3,9 ha. Gesamtfläche: 341,3 ha, schwer. Boden.

alte / neue } Anlage, ... Grenze des früheren Vorwerks, A = Armenstelle, G = gemeinschaftlich, Sch = Schule.

(Nach der Pommerschen Landgesellschaft, Stettin.)

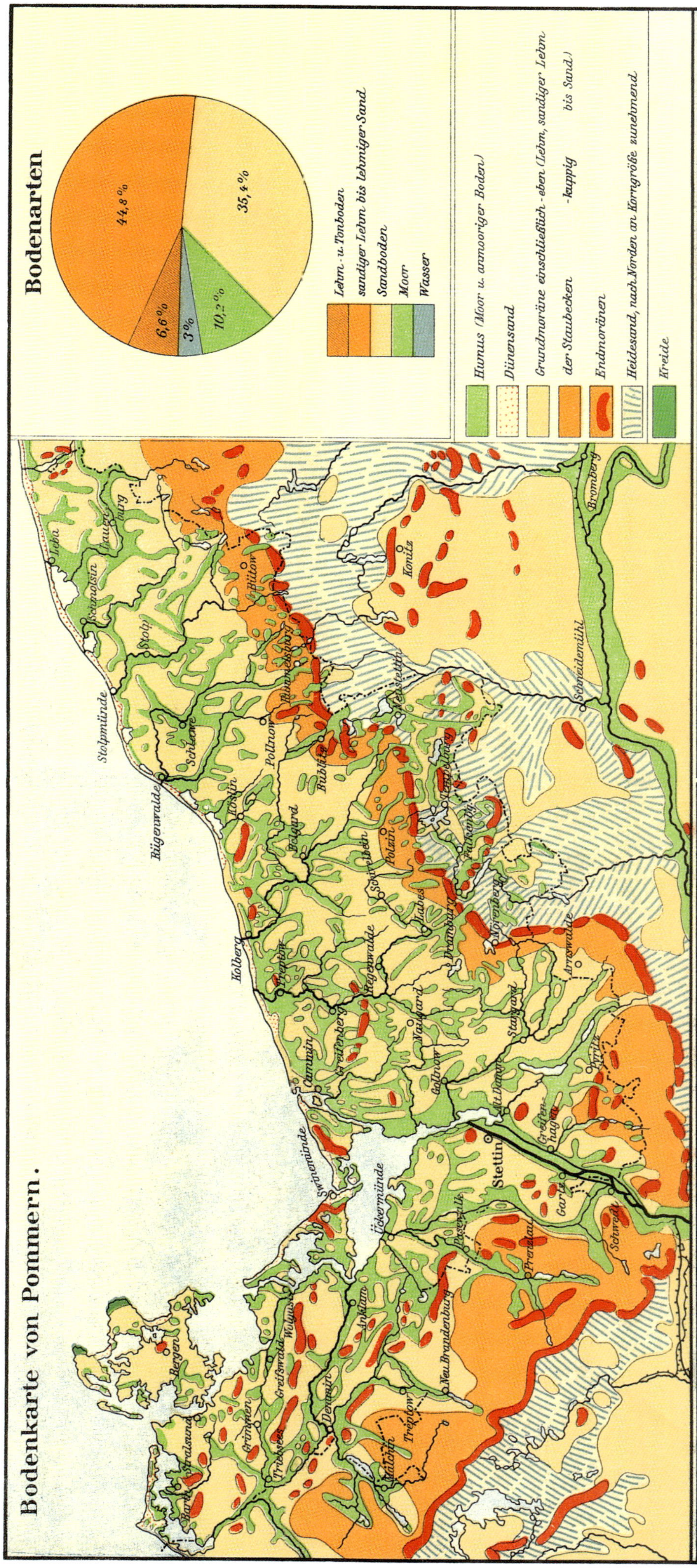

Bodenkarte von Pommern.
Bodenarten
44,8 %
35,4 %
10,2 %
3 %
6,6 %
Lehm- u. Tonboden
sandiger Lehm bis lehmiger Sand
Sandboden
Moor
Wasser
Humus (Moor u. anmooriger Boden)
Dünensand
Grundmoräne einschließlich -eben (Lehm, sandiger Lehm bis Sand.)
der Staubecken
-kuppig
Endmoränen
Heidesand, nach Norden an Korngröße zunehmend.
Kreide
Stettin

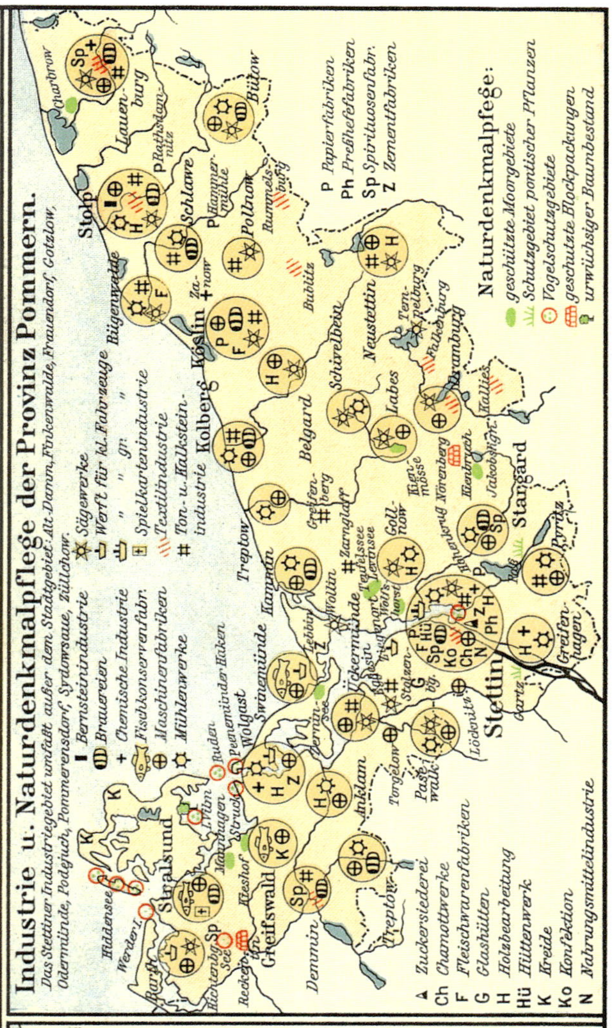

Industrie u. Naturdenkmalpflege der Provinz Pommern.
Bernsteinindustrie
Brauereien
Chemische Industrie
Fischkonservenfabr.
Maschinenfabriken
Mühlenwerke
Sägewerke
Werft für kl. Fahrzeuge
Spielkartenindustrie
Textilindustrie
Ton- u. Kalkstein-industrie
Zuckersiederei
Ch Chamottwerke
F Fleischwarenfabriken
G Glashütten
H Holzbearbeitung
Hü Hüttenwerk
K Kreide
Ko Konfektion
N Nahrungsmittelindustrie
P Papierfabriken
Ph Preßhefefabriken
Sp Spirituosenfabr.
Z Zementfabriken
Naturdenkmalpflege:
geschützte Moorgebiete
Schutzgebiet pontischer Pflanzen
Vogelschutzgebiete
geschützte Blockpackungen
urwüchsiger Baumbestand
Stettin

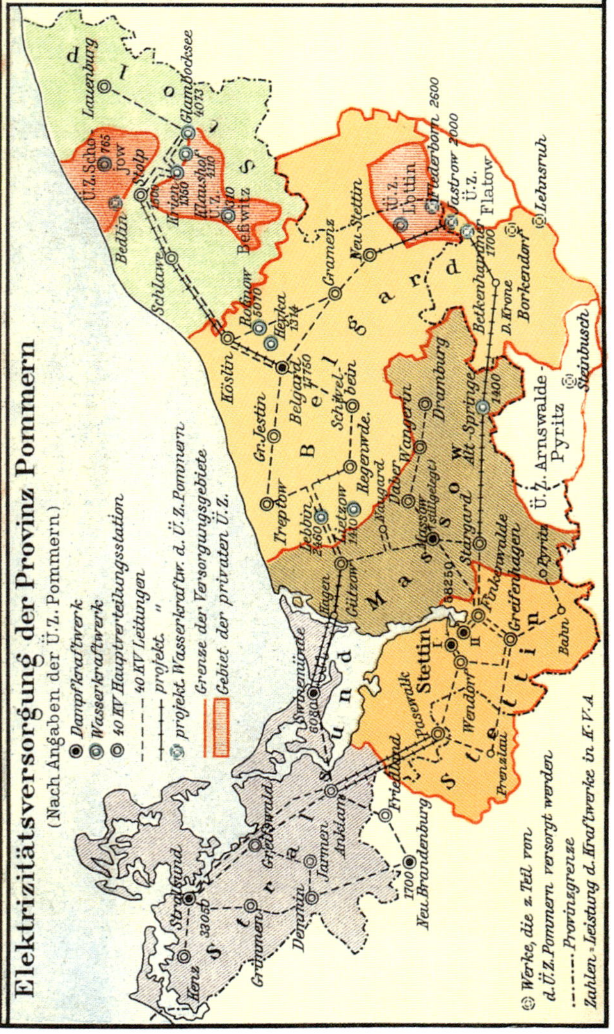

Elektrizitätsversorgung der Provinz Pommern
(Nach Angaben der Ü.Z. Pommern)
Dampfkraftwerk
Wasserkraftwerk
40 KV Hauptverteilungsstation
40 KV Leitungen
projekt. Wasserkraftw. d. Ü.Z. Pommern
Grenze der Versorgungsgebiete
Gebiet der privaten Ü.Z.
Werke, die z. Teil von d. Ü.Z. Pommern versorgt werden
Provinzgrenze
Zahlen = Leistung d. Kraftwerke in KVA
Stettin

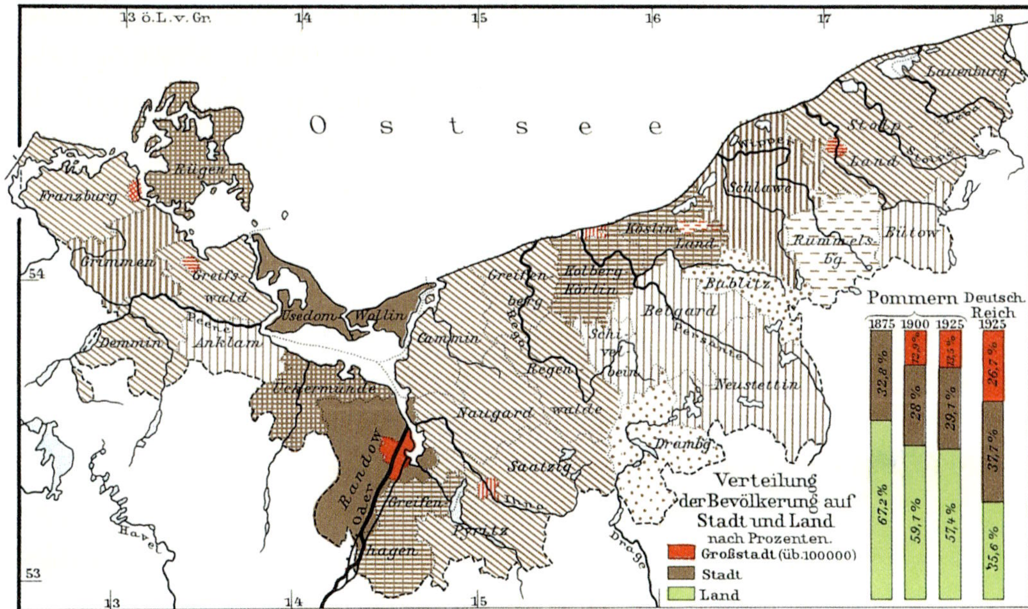

Bevölkerungsdichte der Provinz Pommern

auf 1qkm nach der Zählung von 1925.

a) Landkreise ohne Städte über 5000 Einw.: bis 25 Einw. · 25-30 " · 30-35 " · 35-40 Einw. · 40-45 " · 45-50 " · 50-60 Einw. · üb. 70 "

b) Stadtkreise: bis 500 Einw. · 500-1000 " · 1000-1500 " · 1500-2000 Einw. · über 3000 " · Kreisgrenzen

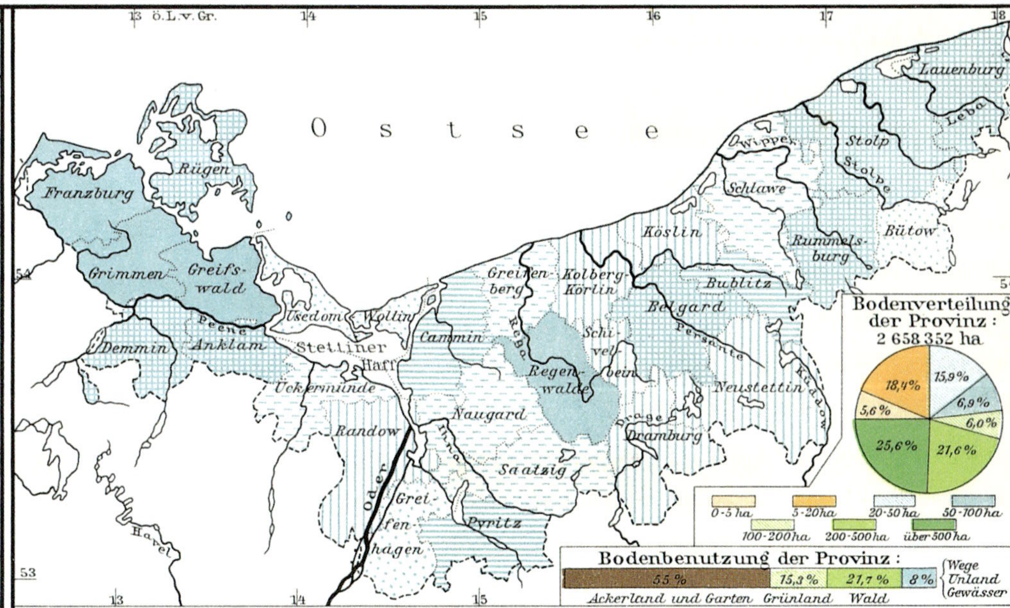

Großgrundbesitz der Provinz Pommern

(über 100 ha) nach Prozenten der Wirtschaftsfläche. (Nach Angaben der Landwirtschaftskammer.)

1. Provinz 53 %
2. a) Reg.-Bez. Stettin 47 %
b) " " Köslin 51 %
c) " " Stralsund 74 %

3. Kreise: 20-30 % · 30-40 % · 40-50 % · 50-60 % · 60-70 % · über 70 % · Kreisgrenzen

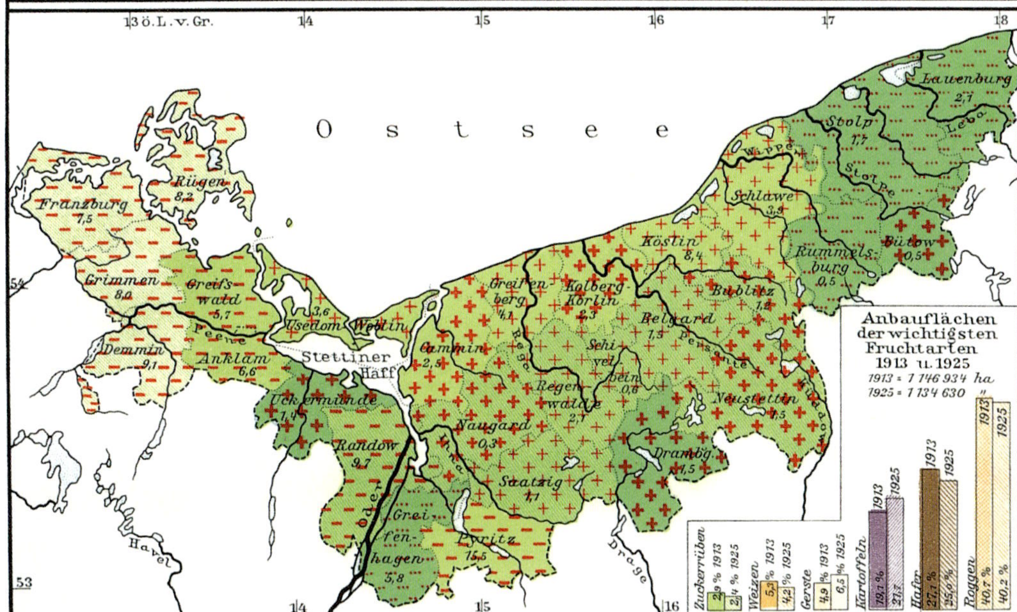

Anbau von Brotgetreide und Kartoffeln der Provinz Pommern

nach Prozenten der Anbaufläche 1925. (Nach Angaben der Landwirtschaftskammer.)

1. Provinz: Roggen 40,2 % · Weizen 4,2 % · Kartoffeln 21,7 %

2. Kreise: Die Zahlen bezeichnen den Weizenanbau in Prozenten

Kartoffeln: bis 12,1 % · " 21,7 % · bis 26,0 % · über 26,0 %

Roggen: über 5 % unter Mittel · bis 5 % " " · bis 5 % über Mittel · über 5 % " "

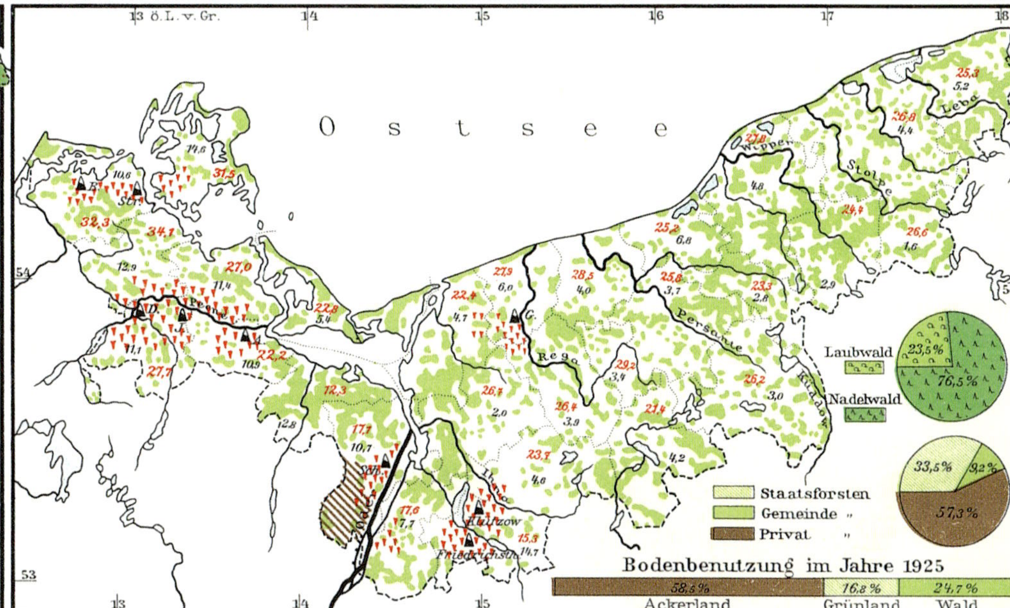

Pommerns Wälder, u. Anbau von Hafer und Gerste

nach Prozenten der Anbaufläche 1925. (Nach Angaben der Landwirtschaftskammer.)

Provinz: Hafer 25 %, Gerste 6,5 %. Kreise: Die roten Zahlen bezeichnen den Anbau des Hafers, die schwarzen Zahlen den Anbau der Gerste in Prozenten.

Zuckerrüben · Zuckerfabrik · Tabak

0 10 20 30 40 50 100 km

Verkehrskarte

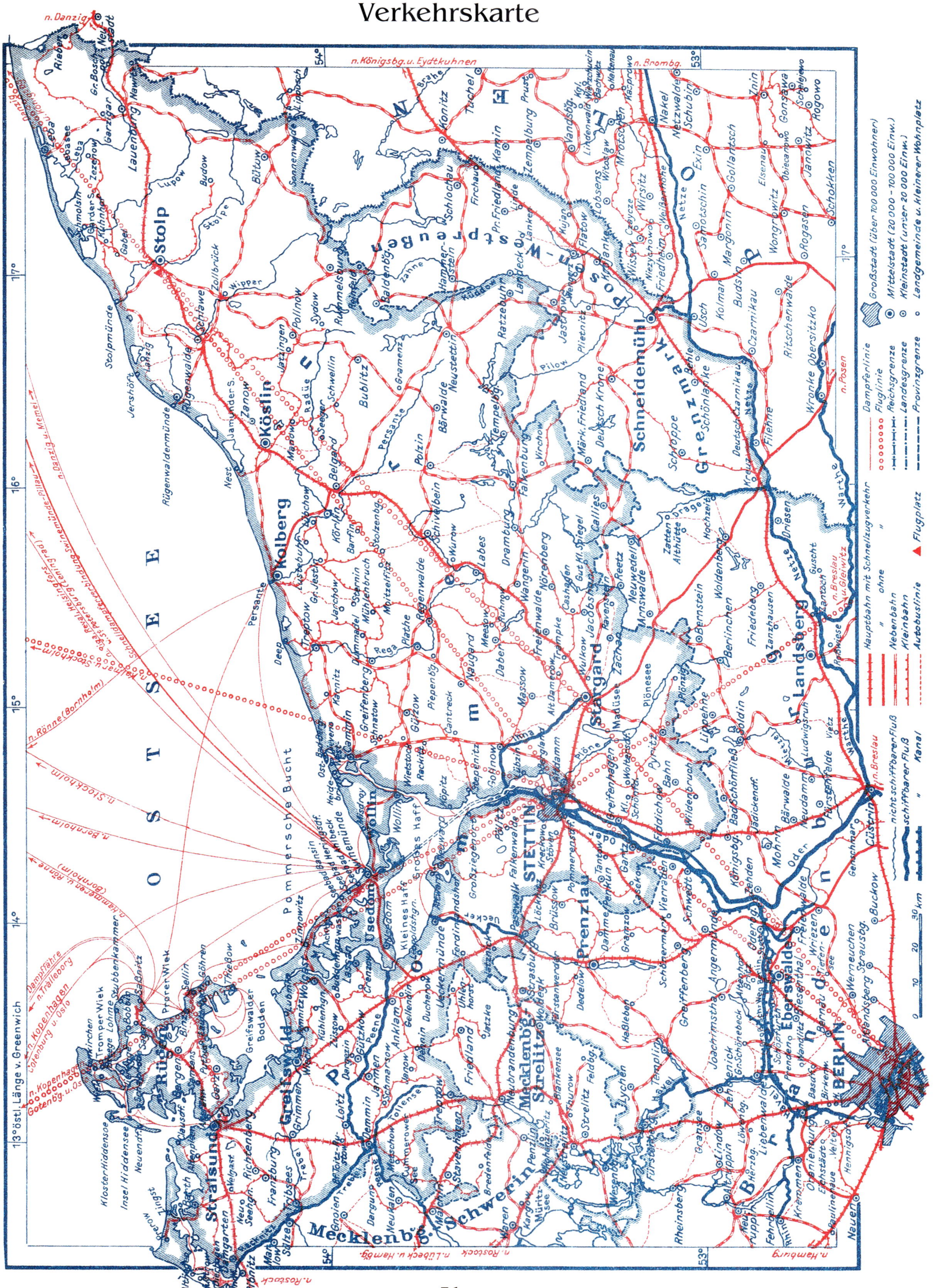

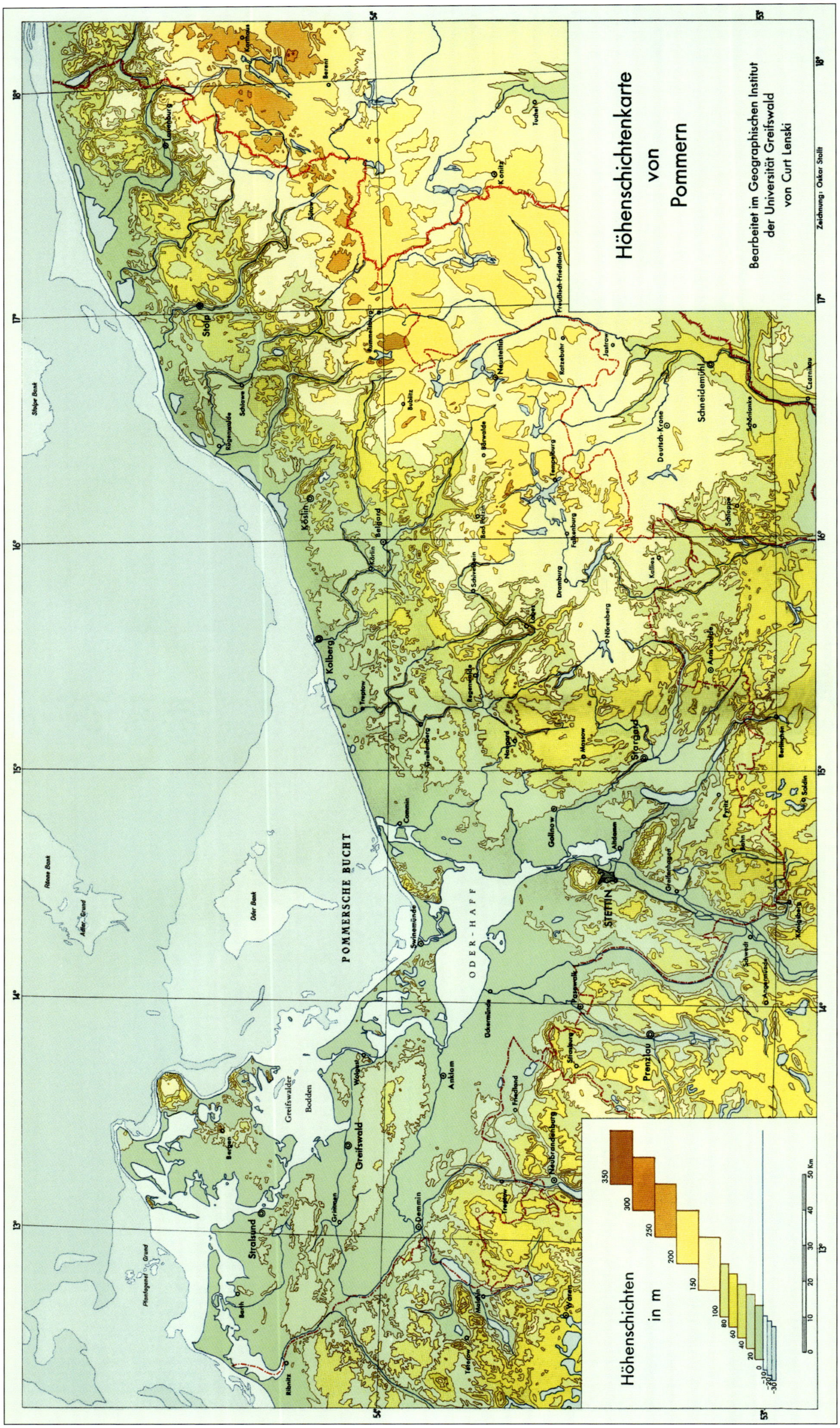
Höhenschichtenkarte
von
Pommern
Bearbeitet im Geographischen Institut
der Universität Greifswald
von Curt Lenski
Höhenschichten
in m
350
300
250
200
150
100
80
60
40
20
0
-10
-20
-30
0
10
20
30
40
50 Km
POMMERSCHE BUCHT
ODER-HAFF
Greifswalder
Bodden
Oder Bank
Rönne Bank
Stolper Bank
STETTIN
Stargard
Gollnow
Kolberg
Köslin
Stolp
Greifswald
Stralsund
Anklam
Demmin
Prenzlau
Pasewalk
Neubrandenburg
Swinemünde
Ueckermünde
Cammin
Treptow
Belgard
Neustettin
Schneidemühl
Deutsch Krone
Dramburg
Arnswalde
Pyritz
Bergen
Barth
Wolgast
Grimmen
Friedland
Bütow
Rummelsburg
Konitz
Lauenburg
Karthaus
Schlawe
Rügenwalde
Bublitz
Naugard
Greifenberg
Regenwalde
Falkenburg
Tempelburg
Bärwalde
Schivelbein
Massow
Altdamm
Greifenhagen
Königsberg
Soldin
Berlinchen
Angermünde
Schwedt
Strasburg
Malchin
Teterow
Waren
Ribnitz
Ratzebuhr
Jastrow
Flatow
Czarnikau
Schönlanke
Kallies
Nörenberg
Tuchel
Berent
Friedland

Bildteil

Silberaltar der Marienkirche in Rügenwalde

Pommerns prachtvolle Städte

Stettin

Stettin steht durch Alter und Bedeutung an der Spitze aller pommerschen Städte. Schon zu Otto von Bambergs Zeiten (12. Jh.) war Stettin die größte Stadt in Pommern und galt bereits damals als die Hauptstadt des Landes.
Im Mittelalter war der Stettiner Hafen ein wichtiger Umschlagsplatz für Salz, Hering, Getreide und Wein.
In preußischer Zeit entwickelte sich Stettin zum ersten Seehafen des Landes.
1845 wurden die Festungswerke der Stadt im Westen erheblich erweitert. Dadurch entstand Platz für die Neustadt, und die Lastadie konnte im Süden um die Silberwiese vergrößert werden.

Stettin von Süden (um 1925)

Blick auf die Bahnhofsbrücke

Hafen und Hakenterrasse von Nordosten

Glockenturm der Schloßkirche (von Westen)

Das Innere der Schloßkirche

Die Jakobikirche (von Süden)

Die St. Peter und Paul Kirche (von Südwesten)

Das Kleinschmidtsche Haus
am Heumarkt 4

Das Loitzenhaus auf
dem Schweizerhof

Das Alte Rathaus

Das Marienstifts-Gymnasium

Der Stettiner Hafen

Speicher am linken Oderufer

Speicher am rechten Oderufer

Der Freihafen

Stralsund

Stralsund wurde zu Beginn des 13. Jahrhunderts gegründet. Im Jahre 1234 verlieh ihr Wizlaw I. von Rügen das lübische Recht, und schon im 14. Jahrhundert war Stralsund neben Lübeck die wichtigste Stadt der Hanse an der Ostsee.
Das Rathaus stammt z.T. noch aus dem 13. Jahrhundert. Es gehört zu den schönsten Profanbauten der Backsteingotik. Die Marktseite in Ziegelrohbau und Glasursteinen konnte 1316 durch das Lösegeld gefangener Fürsten errichtet werden.
Die Kirche des Rats war St. Nikolai. Mit ihrem Bau wurde wahrscheinlich nach dem Stadtbrand von 1271 begonnen. 1667 erhielt der Südturm eine barocke Haube.

Stralsund vom Frankenteich aus

Der Alte Markt mit dem Rathaus und der Nikolaikirche

Nikolaikirche (Südseite)

Nikolaikirche (Nordwand des Chores und Mittelschiff)

Alter Markt 5
Das Haus des Bürgermeisters Wulflam

Schillstraße mit St. Johannis-Klosterkirche

Alter Markt
Die Kommandantur

Kolberg

Kolberg wurde 1255 als deutsche Stadt (mit lübischem Recht) gegründet. Durch den Handel mit Salz und als Mitglied der Hanse kam die Stadt zu Macht und Reichtum. Im Jahre 1530 entschied sich Kolberg für den lutherischen Glauben. Ab 1627 wurde Kolberg zur wichtigsten pommerschen Festung.

Der Dom St. Marien

Der Lettner im Dom

Das Rathaus

In der Baustraße

Am Markt

Ein besonders prächtiges Haus
in der Baustraße 33

Anklam

Die Stadt wurde erstmals 1243 erwähnt und gehörte im Mittelalter zur Hanse. Nach dem Dreißigjährigen Krieg kam die Stadt an Schweden, im Frieden von Stockholm (1720) an Preußen.

Stadtbild von Nordosten

Cammin

Schon zur Zeit des Bischofs Otto von Bamberg (ca. 1060 – 1139) gehörte die Stadt zu den bedeutendsten Orten Pommerns. Um 1175 wurde der Sitz des pommerschen Bistums nach Cammin verlegt. 1679 kam die Stadt im Frieden von St. Germain an Brandenburg. Der Bau des Domes wurde bereits im 12. Jahrhundert begonnen. Die Fertigstellung des Westturms erfolgte aber erst 1849.

Der Dom
Blick auf den Chor und das Querschiff

Greifswald

Die Anfänge der Stadt gehen bis ins 12. Jahrhundert zurück. 1241 erhielt Greifswald die Marktgerechtigkeit und trat bald darauf der Hanse bei. Die 1456 gegründetet Universität entwickelte sich zum geistigen Zentrum Pommerns. 1648 fiel die Stadt an Schweden, 1815 an Preußen.

Nikolaikirche von Osten

Das Stadttheater

Die Universitätsbibliothek
(Architekten Gropius und Schmieden)

Das Universitätshauptgebäude (Südseite)

Kallies (Kreis Dramburg)

Durch die günstige Lage zwischen dem Großen und Kleinen Babrow See und dem Mühlenteich angezogen, hatten sich hier schon in prähistorischer Zeit Menschen angesiedelt. Ein eindrucksvoller Beweis für eine so frühe Besiedlung ist der prachtvolle Schatzfund aus der späten Bronzezeit (1200 – 800 v. Chr.), den man in Kallies gemacht hatte. 1303 wurde Kallies Magdeburger Stadtrecht und das Stapelrecht für Holzkohle und Pech verliehen.

Köslin

Köslin liegt am Fuß des 144 m hohen Gollenbergs und wurde 1266 Stadt nach lübischem Recht.
In preußischer Zeit war Köslin die Hauptstadt des gleichnamigen Regierungsbezirks und Kreises in der Provinz Pommern.
Die fast kreisförmige Altstadt hat ein gitterförmiges Straßennetz mit einem quadratischen Marktplatz im Zentrum.
Vom Friedrich-Wilhelm-Platz aus erstreckt sich nach Osten hin die Friedrich-Wilhelm-Vorstadt.

Der Friedrich-Wilhelm-Platz 3

Gollnow

Die Stadt wurde im 13. Jahrhundert gegründet und erhielt 1314 das lübische Recht. Als Mitglied der Hanse erlangte Gollnow beträchtlichen Wohlstand. Im Westfälischen Frieden kam sie an Schweden, 1721 an Preußen.

Die Stadtkirche mit dem Pulver- und Münzturm

Stargard

Stargard liegt in einer fruchtbaren Gegend an der Ihna. 1253 erhielt die Stadt Magdeburger Recht und wurde später auch Mitglied der Hanse. Im Westfälischen Frieden von 1648 kam sie an Brandenburg.

Der Marktplatz

Stolp

Die Burg wurde erstmals 1236 erwähnt. Neben der wendischen Altstadt entstand die „Rechtsstadt", eine planmäßig angelegte deutsche Stadt. 1310 verlieh ihr Markgraf Waldemar von Brandenburg lübisches Recht. 1337 erbaute die Stadt ihren eigenen Seehafen Stolpmünde und trat 1382 der Hanse bei. Vom 14. bis 16. Jahrhundert war die Stadt Sitz eines selbständigen Herzogtums.

Das Mühlentor

Greifenberg

1262 wurde Greifenberg mit lübischem Recht gegründet und zwei Jahre später erstmals als „Griphenberch" bezeichnet.

Die Marienkirche

Schlawe

Schon um 1200 bestand hier eine deutsche Siedlung. 1317 erhielt Schlawe lübisches Stadtrecht. Im Mittelalter war sie eine wohlhabende Textil- und Brauereistadt mit bedeutender Heringsfischerei.

Die Marienkirche

Rügenwalde

Da die Stadtgründung im 13. Jahrhundert nicht von Erfolg gekrönt war, wurde diese 1312 nach lübischem Recht wiederholt. 1361 wurde Rügenwalde Mitglied der Hanse und entwickelte sich zu einer bedeutenden Handelsstadt.

Der Marktplatz mit dem Rathaus und der Marienkirche

Die Uferkirche zu Vitte bei Arkona

Rügen

Die landschaftlichen Schönheiten der Insel haben sie zu einer vielbesuchten Ferienregion gemacht.

Grimmen Gesamtansicht

Grimmen

Die Stadt liegt inmitten ausgedehnter Wiesen im Trebeltal.

Schivelbein Gesamtansicht

Schivelbein

Der Ort erhielt noch im 13. Jahrhundert Magdeburger Stadtrecht und befand sich im Mittelalter am Kreuzungspunkt zweier wichtiger Verkehrswege.

Schivelbein

Die mittelalterliche Burganlage wurde im 18. und 19. Jahrhundert erheblich umgestaltet. Im Ost- und im Westflügel finden sich aber noch Reste aus dem Mittelalter.
Auch der runde Bergfried aus dem 15. Jahrhundert hat sich noch gut erhalten.

Die Deutschritterburg

Eldena

Die Westfront der Klosterruine

Landskron

Die Burgruine

Stargard

Das Mühlentor

Pasewalk

Der „Kiek in de Mark"

Pyritz

Der Mönchsturm

Pommersche Seenlandschaften

Pommern ist ein Land der Seen. Mehr als 1400 davon sind größer als 1 ha. Besonders die Kreise Dramburg und Neustettin zeichnen sich durch zahlreiche malerische Wasserflächen aus, so daß man diese Gegend auch gern als „Pommerische Schweiz" bezeichnet.

Großer und kleiner Babrow See bei Kallies

Der Schampensee bei Georgendorf

Der Waldsee bei Rohr

Seltene Pflanzen in den Seenlandschaften

Schachblume

Königskerze

Gaspeldorn

Malerische Straßenszenen

Treptow a. T.

Das Demminer Tor

Stralsund

Die Bechermacherstraße

Stettin

Die Reitbahn in der
Kl. Ritterstraße

Stargard

Das Walltor

Pommerns mächtige Dorfkirchen

Horst (bei Greifswald)

Wißmar (Kreis Naugard)

Verchen (Kreis Demmin)

Pansin (Kreis Saatzig)

Altenkirchen (auf Rügen)

Die Westfront

Der imposante Glockenturm

Schaprode (auf Rügen)

Wildberg (Kreis Demmin)

Roloffshagen
(Kreis Grimmen)

Charakteristische Backsteinbauten

In den deutschen Städten der Ostsee entschieden sich die Baumeister des 13. bis 16. Jahrhunderts wegen des Fehlens von größeren Mengen von Hausteinen bei den meisten ihrer Gebäude für den Backsteinbau.

Gartz a. O.

Das Stettiner Tor

Grimmen

Das Rathaus

Lauenburg

Die Jakobikirche

Belgard

Die Marienkirche

Kolbatz

Die Westfassade der Klosterkirche

Dramburg

Die Pfarrkirche

Pasewalk

Das Mühlentor

Greifswald

Ein gotisches Bürgerhaus am Markt

Treptow a. T.

Das Neubrandenburger Tor

Greifenberg

Die Friedhofskapelle

Barth

Die Marienkirche mit Marktplatz

Grimmen

Die Westfront der Marienkirche

Das Blücherschloß bei Plathe (Kreis Regenwalde)

Das Schloß Stargordt (Kreis Regenwalde)

Die Hofseite der Karlsburg (Kreis Greifswald)

Parkansicht des Schlosses Quitzin (westlich von Grimmen)

Das Schloß Spyker (auf Rügen)

Das Schloß Pansin (Kreis Saatzig)

Das Schloß Tützpatz (Kreis Demmin)

Das Schloß Schwerinsburg (Kreis Anklam)

Die Deutschordensburg in Bütow

Historischer Teil

Der Greifswalder Hafen
nach Caspar David Friedrich

Pommern

Als Wappen von Pommern führte man in Silber den roten Greif, am Helme einen roten Spitzhut mit Hermelinstulp, oben an der Spitze mit einer mit Pfauenfedern besteckten kleinen Kugel geschmückt.

Das Herzogtum Pommern im 16. Jahrhundert

MARE BALTICVM
Vulgo Ost See
NOVA ILLVSTRISSIMI DVCATVS POMERANIÆ TABVLA
AMSTELODAMI, Apud Ioannem Ianssonium

Die preußische Provinz Pommern 1838

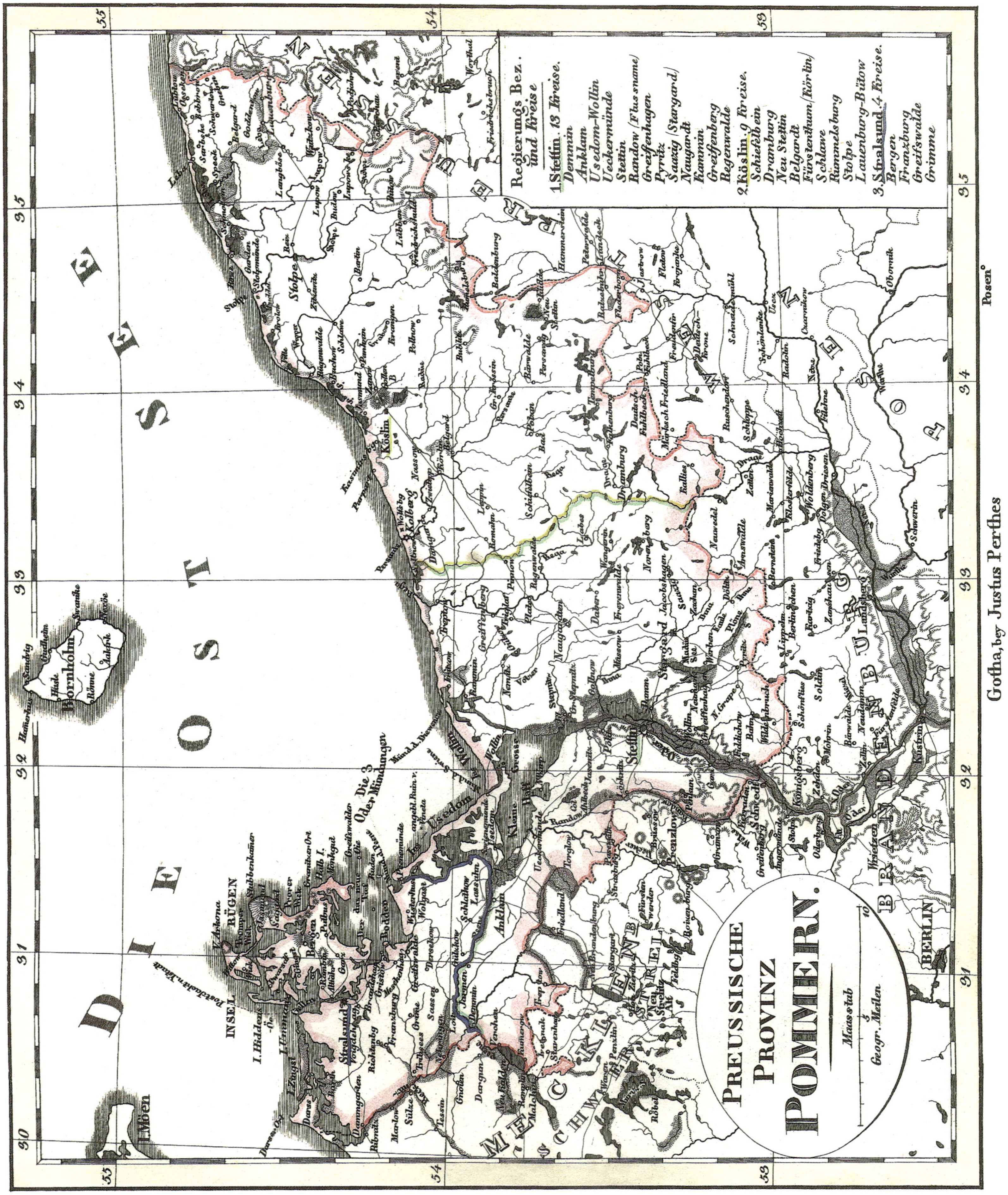

Die Provinz Pommern um 1900

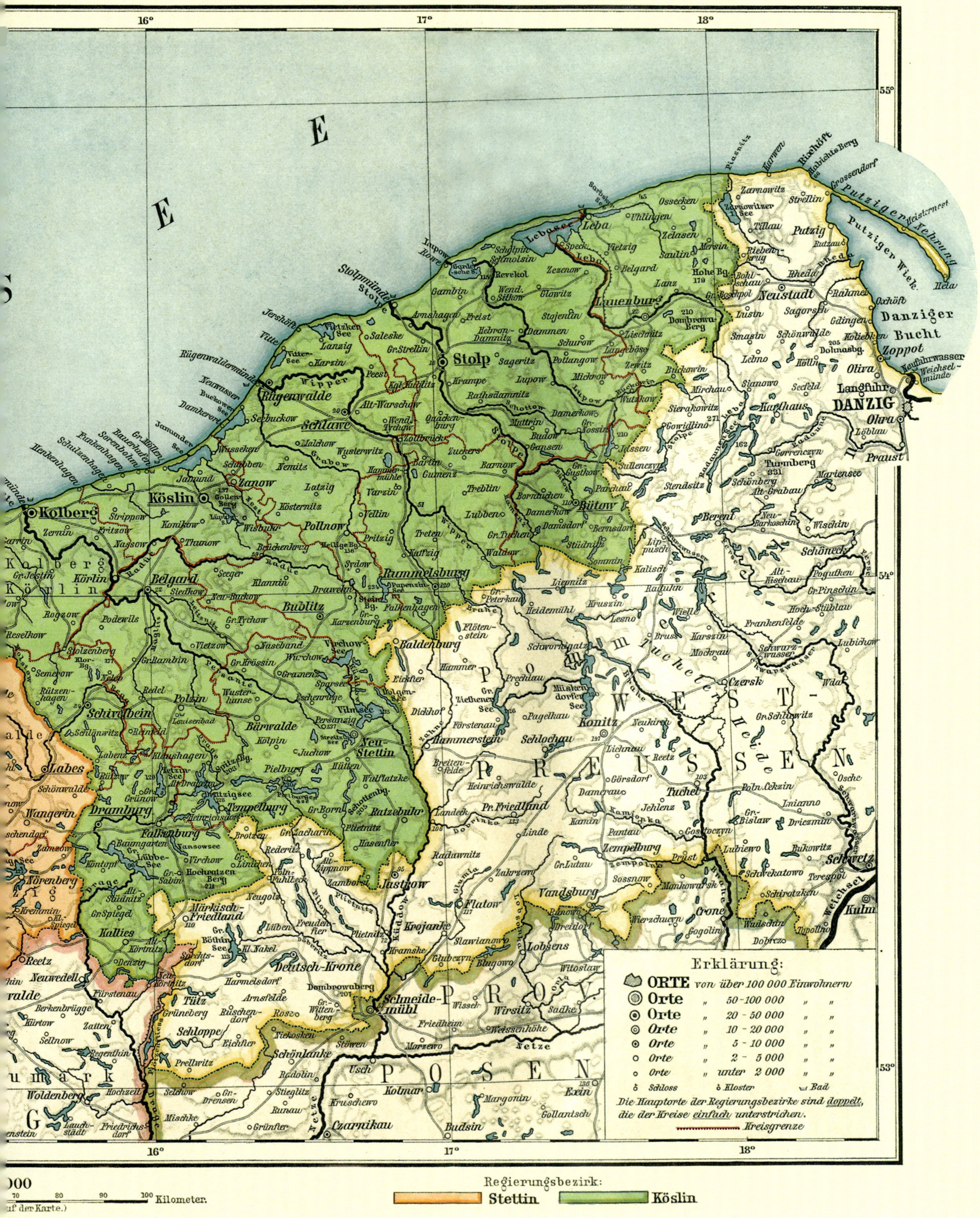

16°
17°
18°
55°
54°
53°
E
E
Putziger Nehrung
Putziger Wiek
Danziger Bucht
Hela
Rixhöft
Putzig
Neustadt
Zoppot
Oliva
Langfuhr
DANZIG
Neufahrwasser
Weichselmünde
Praust
Turmberg
331
Karthaus
Berent
Lauenburg
Leba
Lebasee
Stolpmünde
Stolp
Rügenwalde
Schlawe
Köslin
Kolberg
Belgard
Bublitz
Rummelsburg
Bütow
Zanow
Pollnow
Polzin
Schivelbein
Bärwalde
Neu-Stettin
Labes
Dramburg
Tempelburg
Falkenburg
Ratzebuhr
Baldenburg
Hammerstein
Schlochau
Konitz
Czersk
Tuchel
Pr. Friedland
Zempelburg
Vandsburg
Flatow
Krojanke
Jastrow
Deutsch-Krone
Märkisch-Friedland
Kallies
Schneidemühl
Tütz
Schloppe
Schönlanke
Kolmar
Czarnikau
Budsin
Margonin
Exin
Schwetz
Kulm
Woldenberg
Neuwedell
Reetz
Wangerin
Schönwalde
Nörenberg
Tuchelsche Heide
Brahe
Wipper
Küddow
Netze
Weichsel
Pommern
WESTPREUSSEN
PROV. POSEN
Erklärung:
ORTE von über 100 000 Einwohnern
Orte „ 50-100 000 „ „
Orte „ 20 - 50 000 „ „
Orte „ 10 - 20 000 „ „
Orte „ 5 - 10 000 „ „
Orte „ 2 - 5 000 „ „
Orte „ unter 2 000 „ „
Schloss
Kloster
Bad
Die Hauptorte der Regierungsbezirke sind doppelt, die der Kreise einfach unterstrichen.
Kreisgrenze
Kilometer.
Regierungsbezirk:
Stettin
Köslin

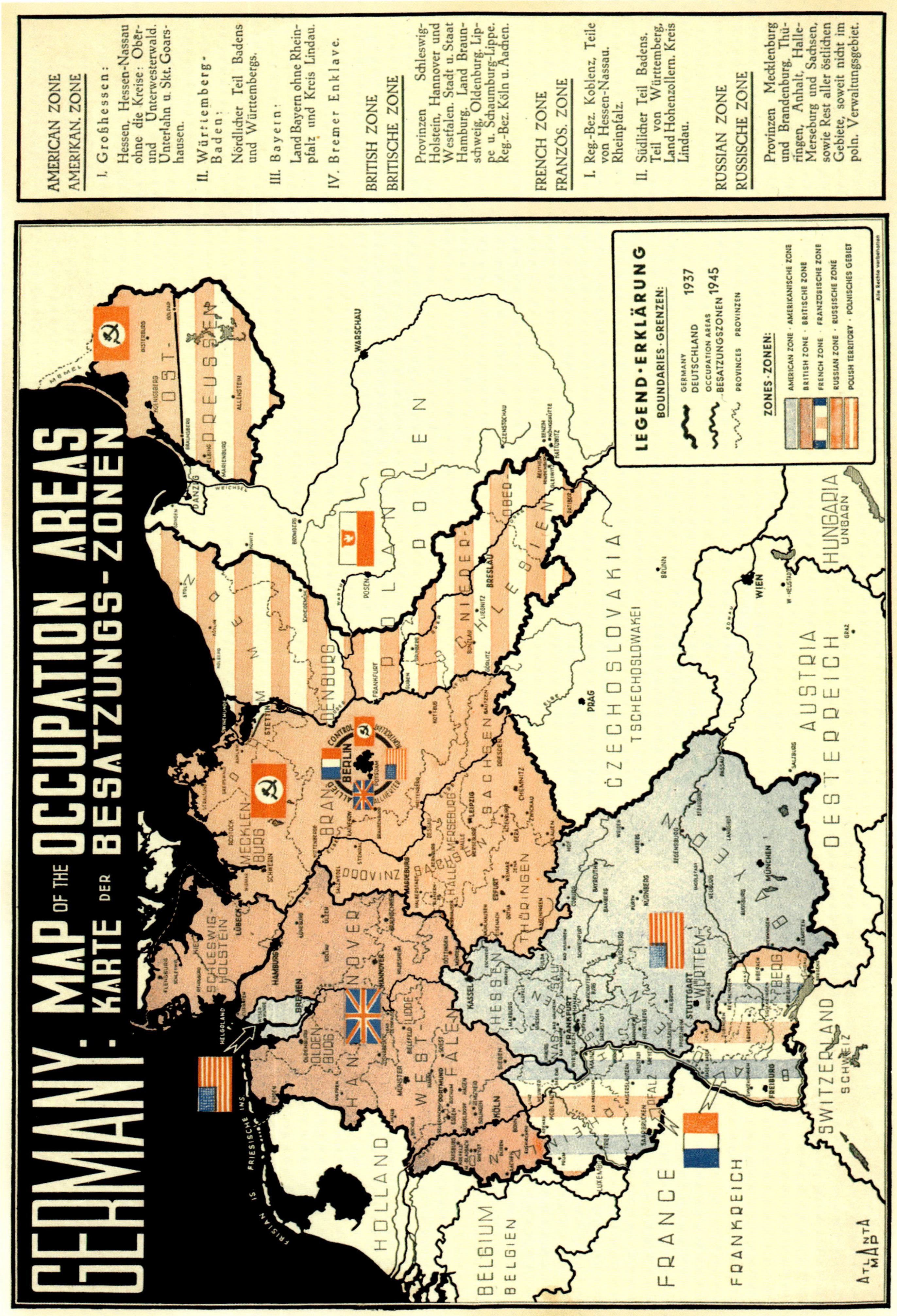
GERMANY: MAP OF THE OCCUPATION AREAS
KARTE DER BESATZUNGS-ZONEN
AMERICAN ZONE
AMERIKAN. ZONE
I. Großhessen:
Hessen, Hessen-Nassau ohne die Kreise: Ober- und Unterwesterwald. Unterlahn u. Skt. Goarshausen.
II. Württemberg-Baden:
Nördlicher Teil Badens und Württembergs.
III. Bayern:
Land Bayern ohne Rheinpfalz und Kreis Lindau.
IV. Bremer Enklave.
BRITISH ZONE
BRITISCHE ZONE
Provinzen Schleswig-Holstein, Hannover und Westfalen. Stadt u. Staat Hamburg. Land Braunschweig, Oldenburg, Lippe u. Schaumburg-Lippe. Reg.-Bez. Köln u. Aachen.
FRENCH ZONE
FRANZÖS. ZONE
I. Reg.-Bez. Koblenz, Teile von Hessen-Nassau. Rheinpfalz.
II. Südlicher Teil Badens. Teil von Württemberg, Land Hohenzollern. Kreis Lindau.
RUSSIAN ZONE
RUSSISCHE ZONE
Provinzen Mecklenburg und Brandenburg, Thüringen, Anhalt, Halle-Merseburg und Sachsen, sowie Rest aller östlichen Gebiete, soweit nicht im poln. Verwaltungsgebiet.
LEGEND · ERKLÄRUNG
BOUNDARIES · GRENZEN:
GERMANY DEUTSCHLAND 1937
OCCUPATION AREAS BESATZUNGSZONEN 1945
PROVINCES PROVINZEN
ZONES · ZONEN:
AMERICAN ZONE · AMERIKANISCHE ZONE
BRITISH ZONE · BRITISCHE ZONE
FRENCH ZONE · FRANZÖSISCHE ZONE
RUSSIAN ZONE · RUSSISCHE ZONE
POLISH TERRITORY · POLNISCHES GEBIET
Alle Rechte vorbehalten
OST-PREUSSEN
POMMERN
MECKLENBURG
SCHLESWIG-HOLSTEIN
BRANDENBURG
BERLIN
ALLIED CONTROL
HANNOVER
OLDENBURG
WEST-FALEN
LIPPE
PROVINZ SACHSEN
HALLE-MERSEBURG
SACHSEN
THÜRINGEN
HESSEN
NASSAU
BAYERN
WÜRTTEMBERG
BADEN
PFALZ
NIEDER-SCHLESIEN
OBER-SCHLESIEN
POLEN
DANZIG
WARSCHAU
CZECHOSLOVAKIA
TSCHECHOSLOWAKEI
PRAG
AUSTRIA
OESTERREICH
WIEN
HUNGARIA
UNGARN
SWITZERLAND
SCHWEIZ
FRANCE
FRANKREICH
BELGIUM
BELGIEN
HOLLAND
LUXEMB.
FRISIAN IS. FRIESISCHE INS.
HELGOLAND
HAMBURG
BREMEN
LÜBECK
STETTIN
KÖLN
KASSEL
FRANKFURT
STUTTGART
MÜNCHEN
NÜRNBERG
FREIBURG
LEIPZIG
DRESDEN
BRESLAU
MAGDEBURG
KOBLENZ
ATLANTA MAP

Vineta, die versunkene Stadt

Seit alters her wird an der deutschen Ostseeküste die Sage von der untergegangenen Stadt Vineta erzählt. Sie soll die größte und reichste Stadt Europas gewesen sein und durch den frevelhaften Übermut ihrer Bewohner den Zorn Gottes so sehr erregt haben, daß er die ganze Stadt in einer gewaltigen Sturmflut untergehen ließ.

„Noch heute soll man die Stelle sehen können, an welcher Vineta gestanden hat. Wenn man nämlich von Wolgast über die Peene nach dem Usedomer Lande gehen will und an das Dorf Koserow gelangt, so erblickt man bei stiller See bis eine Viertelmeile in das Wasser hinein eine Menge großer Steine, Marmorsäulen und Fundamente. Das sind die Trümmer der versunkenen Stadt. Sie liegen von Morgen nach Abend", kündet die Sage und fährt dann weiter fort: „Von dem in der Nähe gelegenen Dorfe Leddin führt noch jetzt zu den Trümmern ein alter Weg, den die Leute in Leddin von früheren Zeiten her ‚den Landweg nach Vineta' nennen."

Der bekannte pommersche Historiker Martin Wehrmann hält dagegen eine so gewaltige Metropole im Pommern der Frühzeit für nicht sehr wahrscheinlich und schreibt dazu in seiner Geschichte von Pommern: „So sind die viel genannten und oft nicht ohne Übertreibung geschilderten Handelsorte an der Küste, wie Jumne und Jumneta, das mit dem sagenhaften Vineta identisch ist und an der Stelle der heutigen Stadt Wollin lag, im wesentlichen Handelsfaktoreien auswärtiger Kaufleute gewesen."

Doch bis heute wird nach dieser sagenhaften Stadt aus der fernen Vergangenheit gesucht. Dabei erscheint es für die meisten Leute bereits als völlig gesichert, daß es diese gewaltige Stadt wirklich gegeben hat. Unterschiedlicher Meinung ist man bloß über ihre genaue Lage.

Als am Ende des 19. Jahrhunderts der Berliner Forscher und Mediziner Rudolf Virchow seine archäologischen Funde von der Insel Wollin präsentierte, schien aber auch diese Frage endgültig geklärt zu sein.

Doch nach der neuesten Theorie lag Vineta in der Gegend der heutigen Stadt Barth, die sich daraufhin nun stolz als „Vineta-Stadt Barth" präsentiert.

Untergegangenes Vineta

„Vineta-Städte" Barth

und Wollin

Pommerns Regenten

Übersicht über die Teilungen.

Teilung 1187.

Demmin. † 1264. — Wolgast. Teilung 1295.

A. Stettin. † 1464. — B. Wolgast. Teilung 1368.

I. Stralsund. † 1390. — II. Stargard. Teilung 1377. — III. Wolgast. Teilung 1377.

Stolp. — 1449, † 1459. — Trarburg. † 1403. — Stargard. † 1447. — Wolgast. † 1393. — Rügen. Teilung 1394.

Wolgast. Teilung 1523. — Rügen. † 1454.

Wolgast, geteilt 1569. — Stettin. — 1569, † 1573.

Stettin. † 1600. — Barth. † 1637. — Wolgast. † 1625 — Rügenwalde. † 1693.

Wartislaw I.	1107—1134/5
Ratibor	1135—1152
Bogislaw I. (Gottlob) in Vorpommern }	1152—1187
Kasimir I. in Demmin }	1152—1181/2

Teilung unter Bogislaws I. Söhnen 1187.

Demmin.

Kasimir III.	1187—1219
Barnim }	1219—1227
Wartislaw III. }	1219—1264

An Wolgast.

Wolgast.

Bogislaw II.	1187—1222
Barnim I. }	1222—1278
Bogislaw III. in Schlawe }	1222—1224
Barnim II.	1278—1295

Teilung unter Barnims II. Brüdern 1295.

Herzog Johann Friedrich
(* 1542 † 1600)

A. Pommern-Stettin.

Otto I.	1295—1345
Barnim III.	1345—1368
Kasimir IV.	1368—1371
Swantibor I. }	1371—1413
Bogislaw VII. }	1371—1404
Otto II. }	1413—1427
Kasimir VI. }	1413—1435
Joachim	1435—1451
Otto III.	1451—1464

An Wolgast 1464.

B. Pommern-Wolgast.

Bogislaw IV.	1295—1309
Wartislaw IV.	1309—1326
Wartislaw V. }	1326—1368
Bogislaw V. }	1326—1368
Barnim IV. }	1326—1365

Teilung 1368.

I. Stralsund.

Wartislaw V. (1326)	1368—1390

An Wolgast 1390.

II. Stargard.

Bogislaw V. (1326)	1368—1374
Kasimir V.	1374—1347

Teilung unter seinen Brüdern 1377.

Herzog Bogislaw X.
(* 1454 † 1523)

Stolp.

Wartislaw VII.	1377—1392
Erich I., König von Schweden 1412	1392—1449 † 1459

An Wolgast 1449.

Traburg.

Barnim V.	1377—1403

Stargard.

Bogislaw VIII.	1377—1417
Bogislaw IX.	1417—1447

An Wolgast 1447.

Grabmal des Herzogs Barnim VI.
(* ca. 1365 † 1405) in Krenz

Die beiden letzten Herzöge von Pommern Philipp III. Julius (* 1584 † 1625) und Bogislaw XIV. (* 1580 † 1637)

III. Wolgast.

Barnim IV. . . . . 1326—1365

Bogislaw VI.	1365—1377
Wartislaw VI.	1365—1377

Teilung unter den Brüdern 1377.

Wolgast.		Rügen.	
Bogislaw VI. . . . (1365)	1377—1393	Wartislaw VI.	1377—1394
An Rügen 1393.		Teilung unter seinen Söhnen 1394.	

Wolgast.		Rügen.	
Barnim VI.	1394—1405	Wartislaw VIII.	1394—1414
Wartislaw IX. in Wolgast	1405—1457	Swantibor II. in Rügen	1414—1440
Barnim VII. in Gützkow	1405—1449	Barnim VIII. in Triebsees	1414—1454
Wartislaw X. in Rügen	1457—1478		
Erich II. in Wolgast	1457—1474		
Bogislaw X., der Große, Herzog von ganz Pommern 1478	1474—1523		
Teilung unter seinen Söhnen 1523.			

Wolgast.		Stettin.	
Georg	1523—1531	Barnim XI.	1523—1569, † 1573
Philipp I.	1531—1560	An Wolgast.	
Johann Friedrich	1560—1569		
Teilung mit seinen Brüdern 1569.			

Stettin.		Barth.		Wolgast.		Rügenwalde.	
Johann Friedrich (1560)	1569—1600	Bogislaw XIII.	1569—1606	Ernst Ludwig	1569—1592	Barnim XII.	1569—1603
An Rügenwalde.		Philipp II.	1606—1618	Philipp III. Julius	1592—1625	An Barth.	
		Franz	1618—1620	An Barth.			
		Bogislaw XIV.	1620—1637				

Hinterpommern an Brandenburg 1648;
Vorpommern an Schweden 1637—1807 (teilw. an Brandenburg 1679),
an Frankreich 1807—1809,
an Schweden 1809—1815,
an Preußen 1815.

---

235. Rügen.

Fürst Tezlaw	1162—1170
Jaromar I.	1170—1218
Barnut	1218—1236
Wizlaw I.	1218—1249
Jaromar II.	1249—1260
Wizlaw II.	1260—1302
Jaromar III.	1264—1283
Wizlaw III. in Rügen	1302—1325
Sambor in Stralsund	1302—1304

Zur Zeit der Hohenstaufen von Dänemark unterworfen, später mit Pommern vereinigt.

---

236. Putbus.

Stoislaw I. von Rügen (Bruder Tezlaws und Jaromars I.) (1168)	1193—1207
Jsaak	nach 1193
Borante I.	um 1200
Pridbor I.	um 1225
Borante II. in Borantehagen 1249	1229—1285
Stoislaw II.	um 1260
Pridbor II. von Vilmenitz	1278—1316
Nicolaus I. von Putbus	1286—1302
Teze von Putbus	1286—1305
Stoislaw III.	1302—1316
Henning I.	1316—1353 (?)
Henning II.	1353—1381
Pridbor IV.	1381—1443 (?)
Nicolaus II.	1443—1475

Teilung unter seinen Söhnen 1475.

Rügensche Linie.		Dänische Linie.	
Waldemar in Putbus	1475—1517	Pridbor V. in Osborg, Einsiedelsborg, Kiorop und Kerkdorf	1475—1537
Georg I.	1517—1553	Georg II.	1537—1540
Ludwig	1553—1594	Moritz I.	1540—1953
Ernst Ludwig I.	1594—1615	Nicolaus III.	1593—1616
Philipp	1594—1620	Heinrich	1616—1657
Volkmar Wolfgang	1594—1637	Moritz II.	1616— ?
Erdmann	1594—1622	Moritz III., dänischer Freiherr 22./5. 1672	1657—1700
Wolfgang Heinrich	1615—1650	Malte, in Putbus 1704, Reichsgraf 27./12. 1727	1700—1723, † 1750
Erdmann Ernst Ludwig Postumus	1616—1671	Moritz Ulrich	1723—1755, † 1769
Ernst Ludwig II.	1671—1704	Malte Friedrich	1755—1787
		Malte Wilhelm, schwedischer Fürst 27./5. 1807, preußischer 1815	1787—1854
		Graf Moritz Karl Malte in Schoritz	1787—1858
		Luise, Freiin von Lauterbach, Fürstin von Putbus (Witwe Malte Wilhelms)	1854—1860
		Wilhelm, Graf von Wylich und Lottum (ihr Enkel)	1860—

Das Stettiner Schloß

Das Schloß um 1650 nach einem Stich von Merian

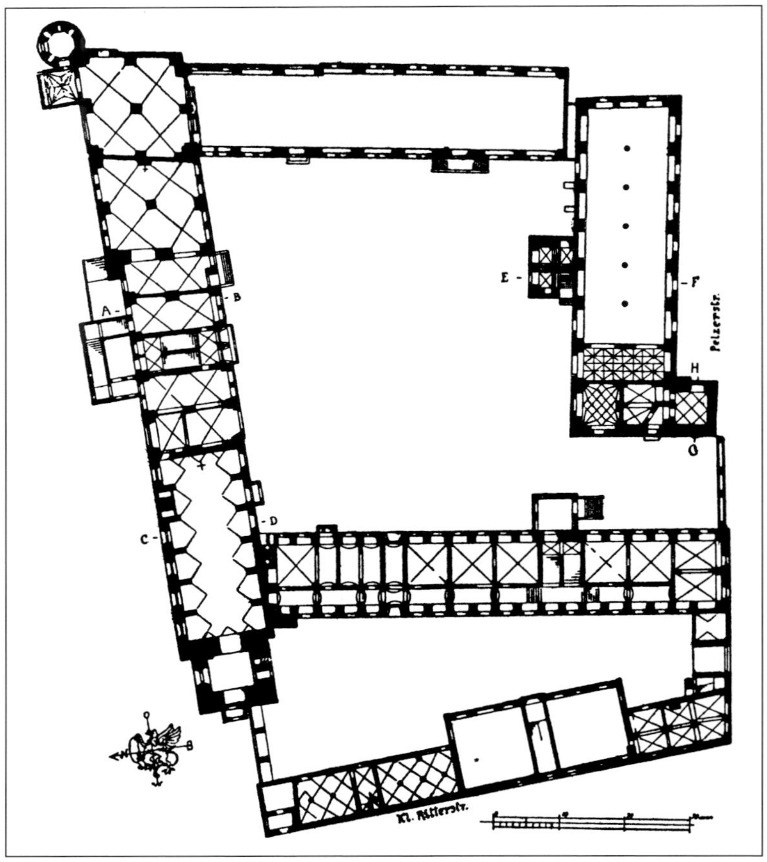

Der Grundriß des Schlosses

Die ersten Anfänge des Greifenschlosses gehen auf das „feste Haus" zurück, das die Stadt Stettin in der Mitte des 14. Jahrhunderts für Barnim III. errichten mußte.
Als Bogislaw X. Stettin dann zur festen Residenz der pommerschen Herzöge machte, erbaute er an dieser Stelle das Schloß, das in der nachfolgenden Zeit immer wieder verändert und erweitert wurde. Um 1619 sah es dann etwa so aus, wie wir es von dem Merianstich her kennen. Doch schon wenig später wurde es in den Kämpfen mit dem Großen Kurfürsten erheblich zerstört und danach nicht in alter Pracht wiederhergestellt.

Der Schloßhof von der Fuhrstraße aus

Pommern im Mittelalter

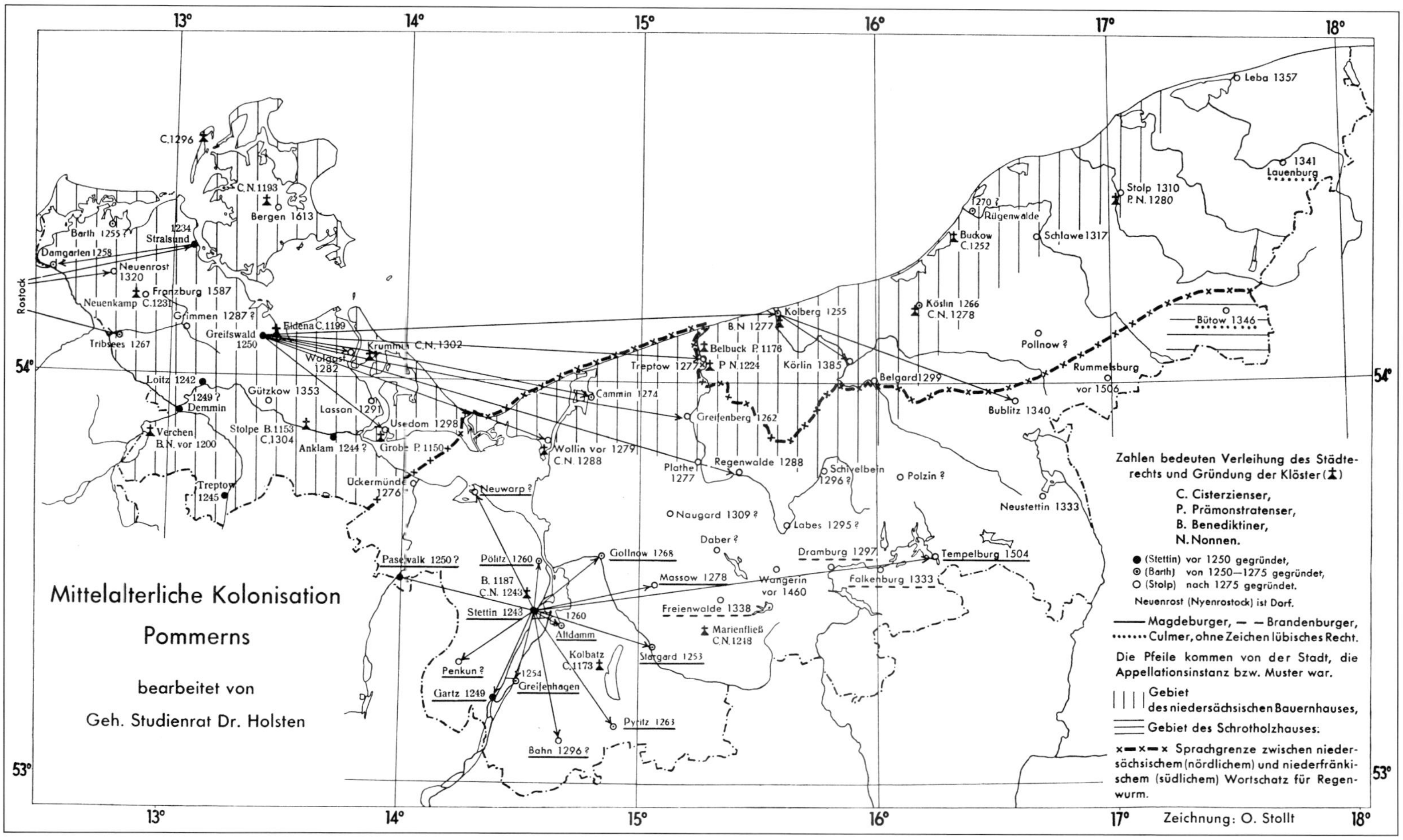

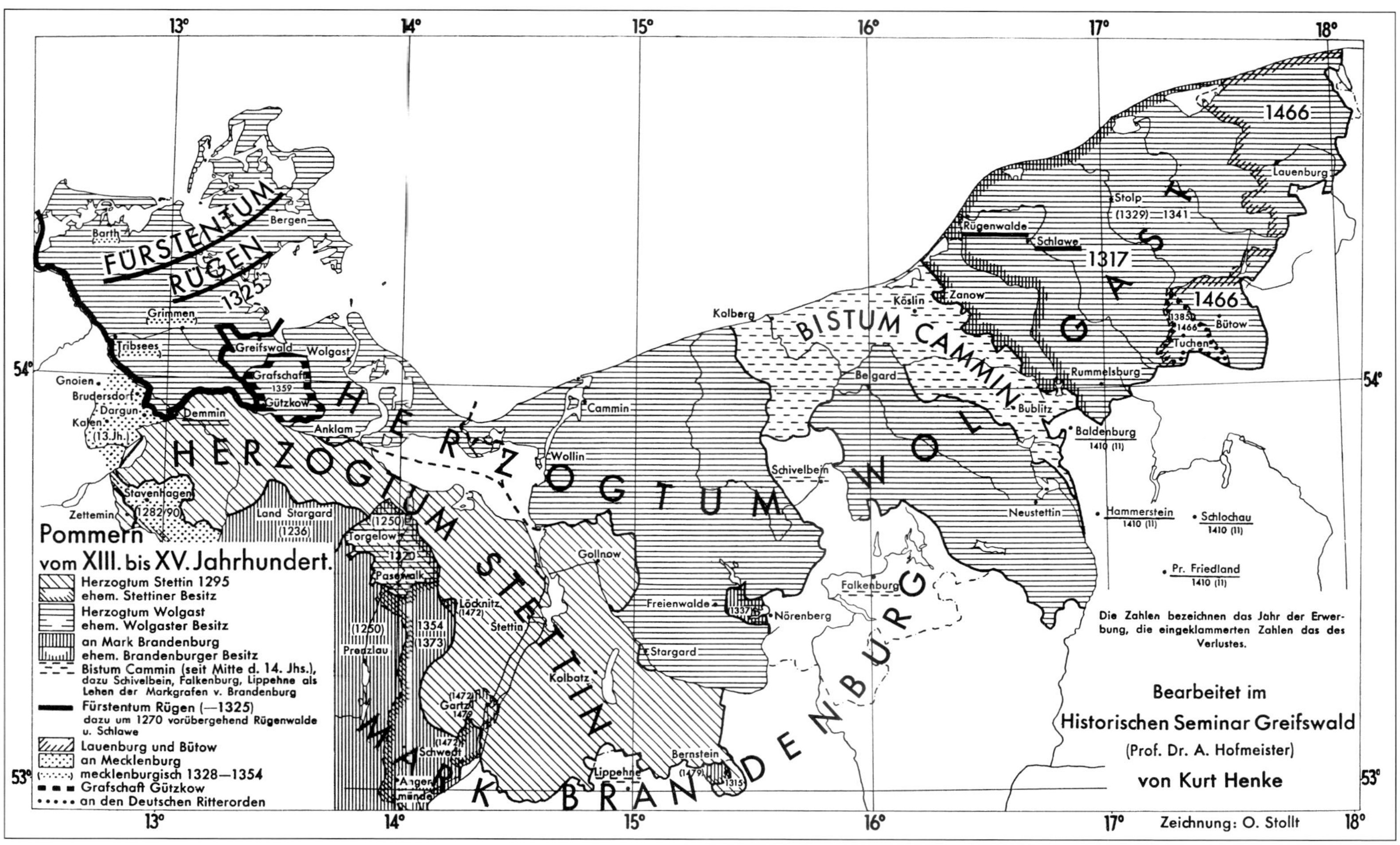

Kirchlicher Besitz in Pommern

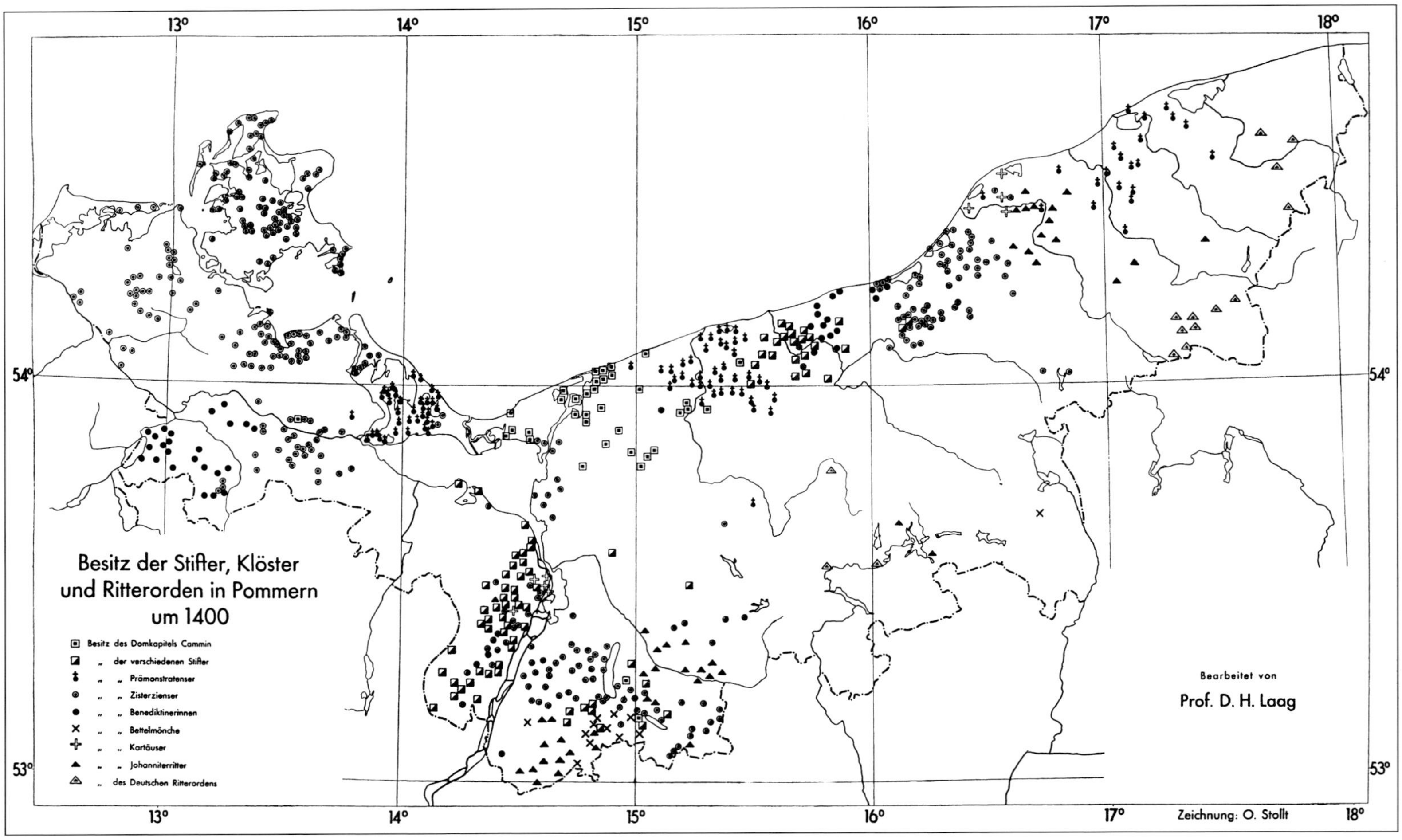

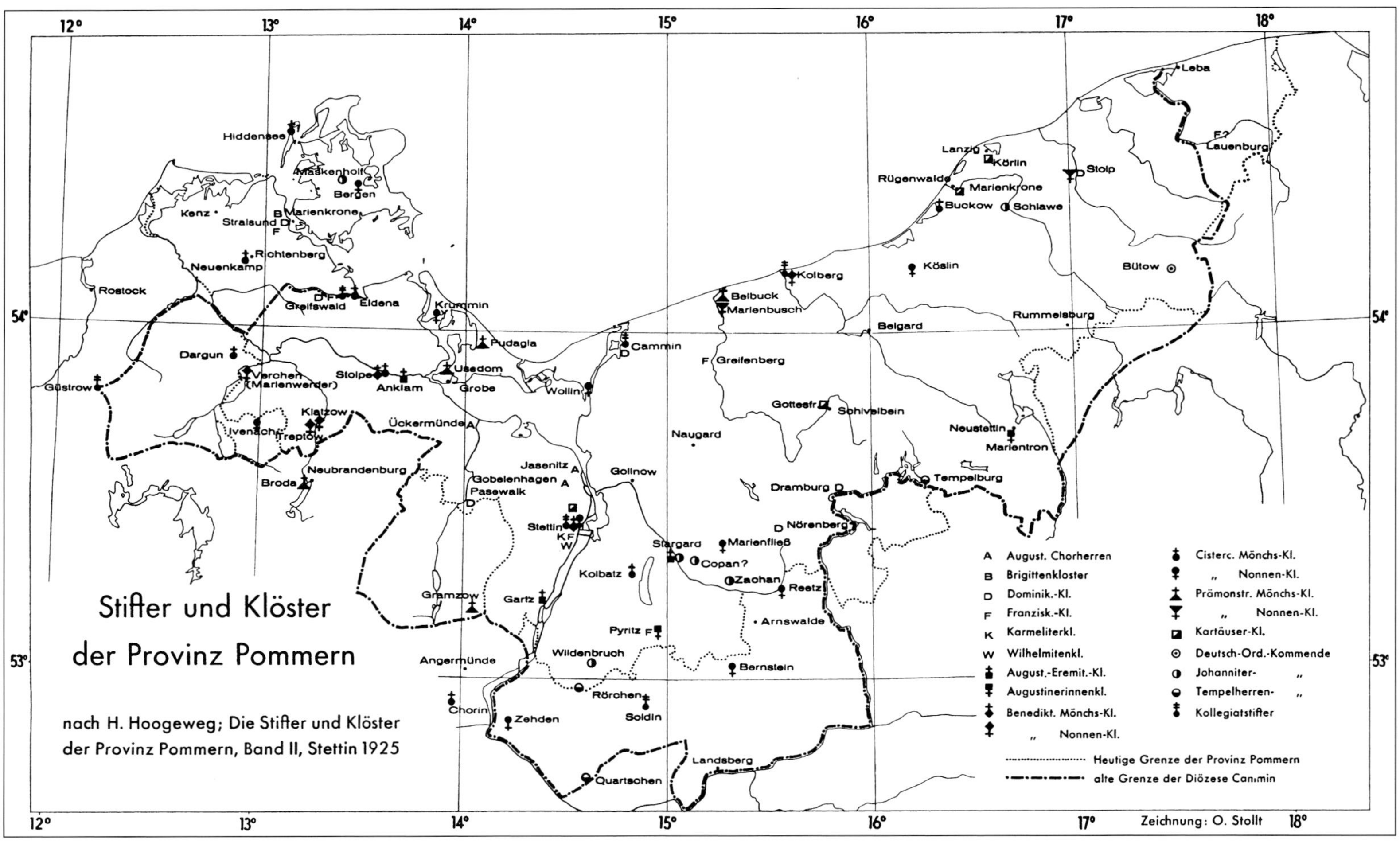

Zur Christianisierung Pommerns

Im Jahre 1124 begann Bischof Otto von Bamberg (*ca. 1060 † 1139) mit der Bekehrung der heidnischen Pommern. Und schon 1140 wurde dann ein pommersches Bistum errichtet.
Aus dieser allerersten Frühzeit der Christianisierung stammt der Cordulaschrein, das bedeutendste und kostbarste Kunstwerk des Camminer Domschatzes, der ursprünglich ein Geschenk des Bischofs Asker von Lund an Otto von Bamberg war. Das aufwendig gearbeitete und reich verzierte ovale Kästchen wurde wohl um das Jahr 1000 von einem Wikinger angefertigt und soll die Gebeine der heiligen Cordula enthalten.

Der Cordulaschrein

Reliquienkasten aus dem Domschatz von Cammin

Der Croyteppich – ursprünglich für das Stettiner Schloß bestimmt und 1684 der Universität Greifswald übergeben

Den Erfolg der Reformation in Pommern kann man auf dem im Jahre 1554 gefertigten sogenannten Croyteppich betrachten. Der 6,90 m mal 4,46 m große Gobelin zeigt auf der linken Seite neun Personen aus dem sächsischen Fürstenhaus und auf der rechten elf Personen aus dem pommerschen Fürstenhaus, die im Beisein von Philipp Melanchthon und Johannes Bugenhagen unter der Kanzel Martin Luthers im gemeinsamen Bekenntnis des evangelischen Glaubens versammelt sind.

Der Reformator Johannes Bugenhagen (*1485 in Wollin † 1558)

Das Zisterzienserkloster Eldena bei Greifswald

Das Kloster zu Eldena in seiner früheren Gestalt

Nach der Zerstörung des Klosters Dargun gründeten dessen Mönche im Jahre 1199 ein neues Zisterzienserkloster in Eldena, das dann von Jaromar I. reichlich mit Grund und Boden ausgestattet wurde. 1535 wurde das Kloster im Zuge der Reformation aufgelöst und fiel mit all seinen Besitzungen an die pommerschen Herzöge. 1634 schenkte Bogislaw XIV. das Kloster mit dem größten Teil seines Grundbesitzes der Universität Greifswald.

Die Klosteranlage wurde im Dreißigjährigen Krieg stark beschädigt, dann aber nicht wieder aufgebaut. Vielmehr wurden größere Teile sogar ganz abgebrochen, um Baumaterial für Befestigungsanlagen oder für neue Bauten der Universität zu erhalten.

Immer wieder wurde die imposante Klosterruine von berühmten Malern gezeichnet. Die stimmungsvollen Studien von Caspar David Friedrich sind besonders eindrucksvoll.

Westteil der Klosterruine nach C. D. Friedrich

Die Universität Greifswald

Die Universität in Greifswald wurde 1456 von Bürgermeister Heinrich Rubenow in Zusammenwirken mit Herzog Wartislaws IX. und dem Camminer Bischof Henning Iven gegründet und entwickelte sich rasch zum geistigen Zentrum Pommerns.

Unter der Regierung Philipps I. schloß sich die Universität der Reformation an und wurde von ihm 1539 als streng lutherische Hochschule neu eröffnet.

Heute trägt sie den Namen Ernst-Moritz-Arndt-Universität Greifswald.

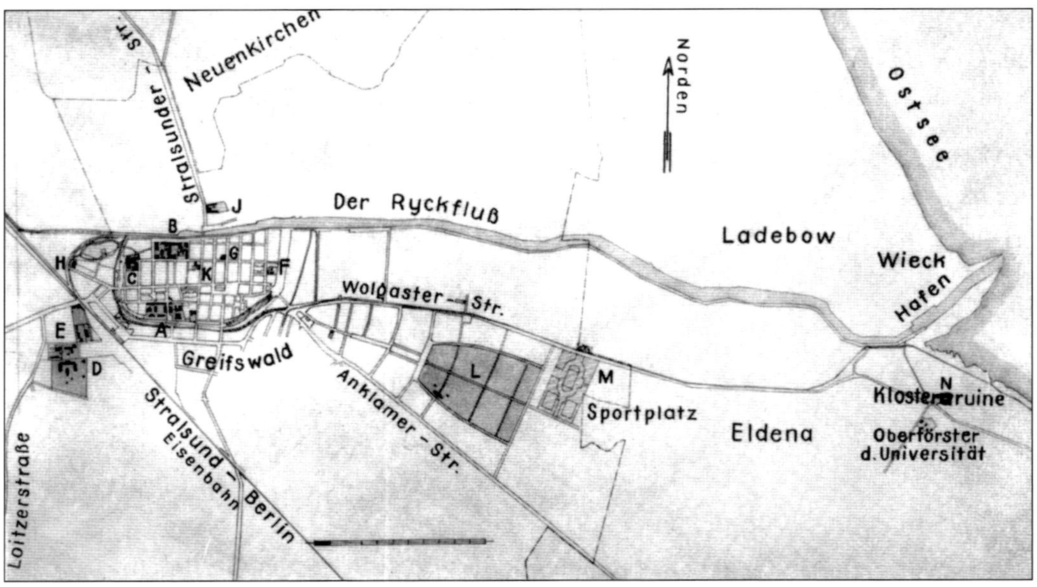

Lage des Universitätsgeländes im Stadtgebiet von Greifswald

A. Universitätshauptgebäude
Auditoriengebäude
Augenklinik
Physikalisches Institut
Seminargebäude
Universitätskasse
Universitätsbibliothek
Universitätsbauamt
Finnisches und Geographisches Institut
Physiologisches Institut
Hygienisches Institut

B. Pharmakologisches, Mineralogisch-Petrographisches und Geologisch-Paläontologisches Institut
Pathologisches Institut
Anatomisches Institut
Medizinische Klinik
Zahnärztliches Institut
Zentralwirtschaftsgebäude

C. Frauenklinik
Romanisches Seminar

D. Nervenklinik
Chemisches Institut
Kinderklinik
Säuglingsheim

E. Botanisches Institut

F. Gerichtsärztliches Institut

G. Zoologisches Institut

H. Univeritäts-Turn- und Fechthalle

J. Mensa

K. Kuratorialgebäude

L. Universitätsneubaugebiet
Hautklinik

M. Sportplatz mit Kampfbahn

N. Klosterruine Eldena

Pommern im 16. und 17. Jahrhundert

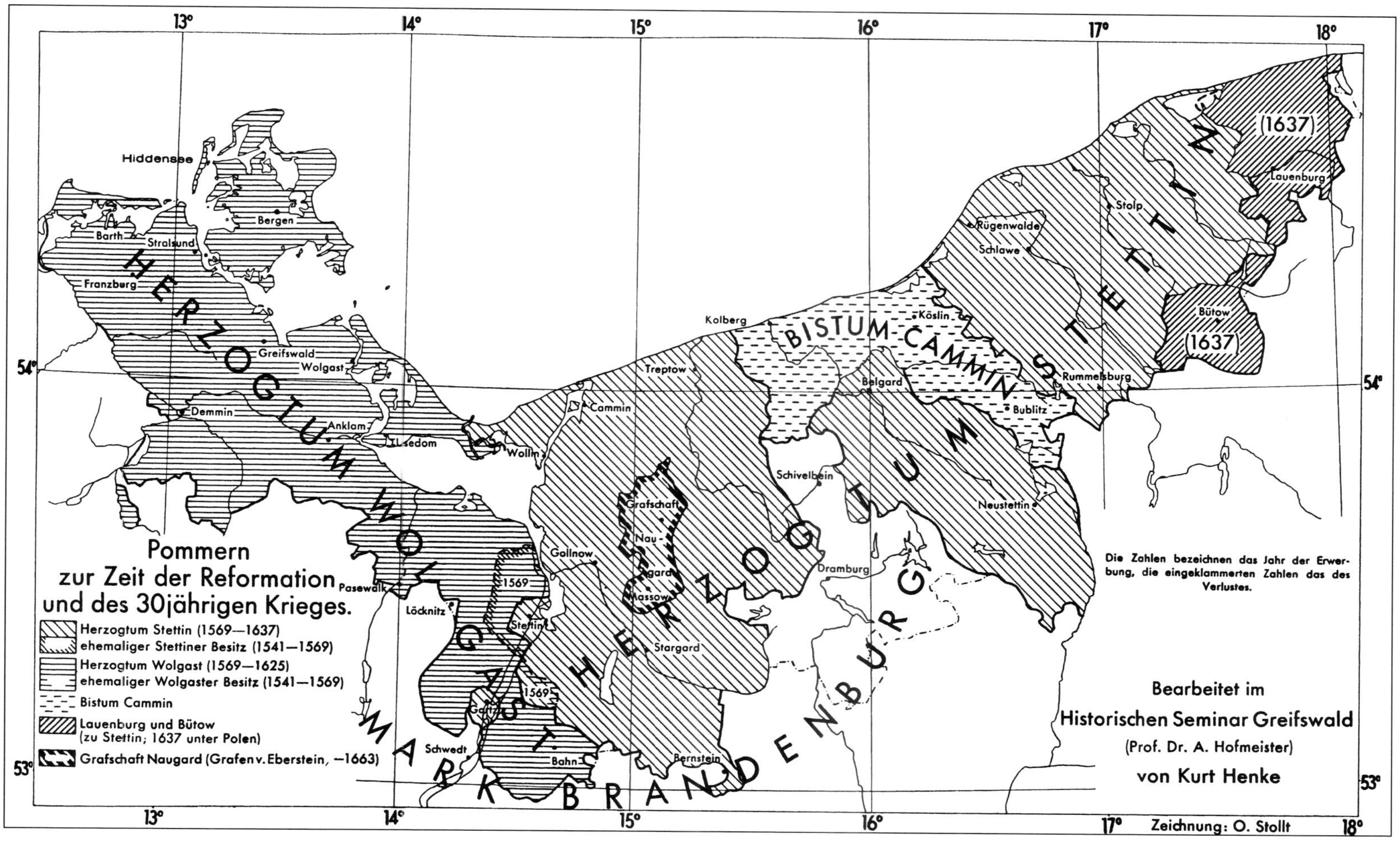

Notzeiten in Pommern

Als der letzte pommersche Herzog Bogislaw XIV. im Jahre 1637 starb, litt das Land unter den Ereignissen des Dreißigjährigen Krieges. Pommern war von fremden Truppen besetzt und der Kurfürst von Brandenburg konnte nicht – wie es im Vertrag von Grimnitz 1529 festgelegt worden war – die Nachfolge Bogislaws als Herzog von Pommern antreten: „Das Land war in schwedischer Gewalt – 9000 Mann standen damals in 13 pommerschen Städten in Garnison –, aber schon rückten auch kaiserliche Truppen heran. Diese bemächtigten sich der Stadt Gartz a. O., bestürmten Stargard, das am 7. Oktober 1635 ein Raub der Flammen wurde, und brachen in das von den Schweden nur schwach besetzte Land ein.
Die Lage Pommerns war nun mehr als verzweifelt.
Und selbst als die Schweden nach Baners Sieg bei Wittstock am 14. September 1636 ihre Übermacht im Norden wieder herstellen und auch Gartz a.O. zurückerobern konnten, nahmen die Lasten, die man den Bewohnern auferlegt hatte, nicht ab.
In dieser traurigen Zeit starb Herzog Bogislaw XIV. am 10. März 1637.
‚Pommern ist eine Witwe, die vorher eine Fürstin war und nun dienen muß', klagte Johannes Mikraelius, der pommersche Geschichtsschreiber dieser Zeit.
Im Winter 1637/38 hausten dann kaiserliche, schwedische und brandenburgische Truppen gleich furchtbar in Pommern. Schrecklich sind die Schilderungen, die uns von den damaligen Zuständen entworfen werden: Hunger, Pest, Kriegsnot herrschten in gleicher Weise. Und trotzdem forderte Baner schonungslos die umfangreichsten Lieferungen in Hinterpommern und von den Bewohnern beschwerlichste Arbeiten an den Befestigungen.
Zur gleichen Zeit unternahm er gegen die Kaiserlichen in Vorpommern fortgesetzte Kriegszüge, die das Land noch weiter schädigten: lange lebte danach das Jahr 1637 im Gedächtnisse des Volkes fort als die ‚Banersche Tid'."
(nach Martin Wehrmanns Geschichte von Pommern, Bd. 2)
In dieser Zeit verlor Pommern ein Drittel seiner Bewohner. Im Jahre 1648 kam es dann zur Zerstückelung des Landes, und Pommern hörte endgültig auf, ein selbständiger Territorialstaat zu sein.
1815 fiel dann ganz Pommern an Preußen und wurde preußische Provinz, aufgeteilt in die drei Regierungsbezirke Stettin, Köslin und Stralsund.

Zur Kolonisierung Pommerns in der Zeit Friedrichs des Großen

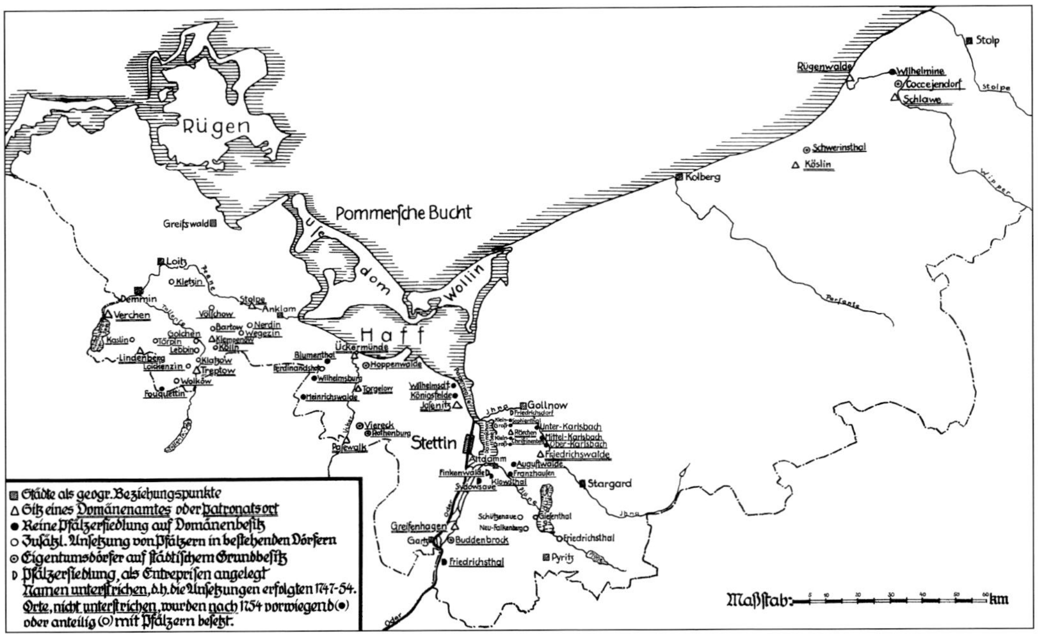

In der Mitte des 18. Jahrhunderts wanderten rund 700 Familien hauptsächlich aus pfälzischen Hoheitsgebieten nach Brandenburg und Pommern aus. Friedrich der Große siedelte sie auf dem Land als Kolonisten meist in geschlossenen „Pfälzersiedlungen", nur sehr vereinzelt auch in schon bestehenden Dörfern, an.

Die Kirche der Kolonie Augustwalde (angelegt 1747/48)

Werbungsbekanntmachung des Königs

„Demnach S. K. Majestät Allergnädigst resolvieret, die wüsten und mit Holz bewachsenen Oderbrüche bei Stettin, Gartz, Damm, Gollnow und Greifenhagen in Pommern urbar zu machen und solche zu dem Ende an Privatpersonen, auch ganze Communen als Entrepreneurs zu 1, 2 bis 3 Tausend Morgen nach eines jeden Convenienz und Vermögen gegen 10, 12, 15 oder mehrere Freijahre erb- und eigentümlich auf Kind- und Kindeskinder mittelst geschlossener und von S. K. Majestät höchstselbst confirmierter Contrakte nicht allein zu überlassen, sondern dieselben auch von der Werb- und Enrollierung zu befreien und ihnen noch andere Gerechtigkeiten, als Mühlen anzulegen, auch Bier zu brauen und solches zu verschenken, Allergnädigst accordieren; so wird dieses zu jedermanns Wissenschaft bekannt gemacht und können diejenigen, sowohl Ein- als Ausländer, als auch solche Leute, welche wegen der Enrollierung und anderer Ursachen halber sechs Jahre lang außer Landes gewesen und die Lust haben, auf dergleichen avantageuse Art sich hierselbst wieder niederzulassen, sich bei der Königlich Preußischen Kriegs- und Domänenkammer zu Stettin melden, da dann mit ihnen alles verabredet, geschlossen und ihnen die Oerter nach Gefallen angewiesen werden sollen.

Berlin, den 7. Januar 1747.

Friedrich."

Das Kolonistenhaus Nr. 12 der Kolonie Augustwalde

Die Kolonie Blumenthal (angelegt 1749)

Berühmte Persönlichkeiten aus Pommern

Johann Christoph Adelung
(* 1732 † 1806)
Sprachforscher

Ernst Moritz Arndt
(* 1769 † 1860)
Schriftsteller

Hans Bredow
(* 1879 † 1959)
Rundfunkpionier

Johannes Bugenhagen
(* 1485 † 1558)
Reformator

Hans Delbrück
(* 1848 † 1929)
Historiker

Alfred Döblin
(* 1878 † 1957)
Schriftsteller

Johann Gustav Droysen
(* 1808 † 1884)
Historiker

Hans Fallada
(* 1893 † 1947)
Schriftsteller

Caspar David Friedrich
(* 1774 † 1840)
Maler

Heinrich George
(* 1893 † 1946)
Schauspieler

Friedrich Gilly
(* 1772 † 1800)
Architekt

Carl-Friedrich Goerdeler
(* 1884 † 1945)
Politiker

Hans Grade
(* 1879 † 1946)
Flugpionier

Ulrich von Hassell
(* 1881 † 1944)
Diplomat

Uwe Johnson
(* 1934 † 1984)
Schriftsteller

Ewald Christian von Kleist
(* 1715 † 1759)
Schriftsteller

Ewald von Kleist
(* 1890 † 1945)
Militär

Wolfgang Koeppen
(* 1906 † 1996)
Schriftsteller

Franz Kugler
(* 1808 † 1858)
Historiker

Otto Lilienthal
(* 1848 † 1896)
Flugpionier

Joachim Nettelbeck
(* 1738 † 1824)
Bürgervorsteher Kolbergs

Paul Nipkow
(* 1860 † 1940)
Fernsehpionier

Heinrich Rubenow
(* ca. 1400 † 1462)
Rektor der Universität Greifswald

Arnold Ruge
(* 1802 † 1880)
Schriftsteller

Philipp Otto Runge
(* 1777 † 1810)
Maler

Heinrich von Stephan
(* 1831 † 1897)
Generalpostmeister d. Dt. Reiches

Rudolf Virchow
(* 1821 † 1902)
Mediziner

I. Flächen und Bewohner.

1. Kreise nach Flächen und Bewohnern 1925.

(Zahlen aus Sonderheft zu Wirtschaft und Statistik, 6. Jahrg., Nr. 3.)

Reg.-Bezirk Stettin Kreis:	Fläche in qkm	Wohnbevölkg.
Anklam	650,87	35 793
Cammin	1 137,74	45 500
Demmin	982,24	49 728
Greifenberg	765,16	43 277
Greifenhagen	965,67	52 235
Naugard	1 229,66	58 952
Pyritz	1 045,55	49 100
Randow	1 296,12	107 456
Regenwalde	1 190,52	50 567
Saatzig	1 176,39	43 668
Stargard i. Pomm., Stadtkr.	42,08	32 575
Stettin, Stadtkreis	81,56	253 727
Ückermünde	832,16	59 442
Usedom-Wollin	689,98	67 461
Reg.-Bez. Stettin zus.	12 085,70	949 481
Reg.-Bezirk Köslin Kreis:		
Belgard	1 132,26	53 770
Bublitz	710,76	22 230
Bütow	616,99	28 726
Dramburg	1 173,61	37 813
Kolberg, Stadtkreis	50,18	30 276
Kolberg-Körlin	879,15	39 898
Köslin, Stadtkreis	86,66	28 834
Köslin, Landkreis	662,02	30 028
Lauenburg i. Pomm.	1 289,29	62 122

Reg.-Bezirk Köslin Kreis:	Fläche in qkm	Wohnbevölkg.
Neustettin	2 001,88	81 478
Rummelsburg	1 147,72	38 835
Schivelbein	503,29	22 716
Schlawe	1 586,28	78 541
Stolp, Stadtkreis	39,12	41 826
Stolp, Landkreis	2 228,78	84 090
Reg.-Bez. Köslin zus.	14 107,99	681 183
x Reg.-Bezirk Stralsund Kreis:		
Franzburg	1 103,77	45 784
Greifswald, Stadtkreis	23,51	26 383
Greifswald Landkreis	939,53	41 048
Grimmen	959,76	40 158
Rügen	968,27	53 883
Stralsund, Stadtkreis	19,74	39 404
Reg.-Bez. Stralsund zus.	4 014,58	246 660
Provinz	30 208,27	1 877 324
Ortsanwesende Bevölkerung		1 920 368

Es wohnen auf 1 qkm { Provinz ... 62,15; Reg.-Bez. Stettin ... 78,56; Reg.-Bez. Köslin ... 48,28; Reg.-Bez. Stralsund ... 61,44

2. Gemeinden über 2000 Einwohner (1925).

St. = Stadtgemeinde, Lg. = Landgemeinde.

Name	Wohnbevölkg.	Name	Wohnbevölkg.	Name	Wohnbevölkg.
Ahlbeck ... Lg.	3 799	Heringsdorf ... Lg.	2 022	Ratzebuhr ... St.	2 607
Altdamm ... St.	8 678	Hökendorf ... Lg.	2 354	Regenwalde ... St.	3 894
Anklam ... St.	14 814	Jarmen ... St.	2 926	Rügenwalde ... St.	6 029
Bahn ... St.	2 587	Kallies ... St.	3 416	Rummelsburg .. St.	6 728
Barth ... St.	7 181	Kolberg ... St.	30 276	Saßnitz ... Lg.	3 982
Bärwalde ... St.	2 469	Körlin ... St.	2 904	Schivelbein ... St.	8 428
Belgard ... St.	12 422	Köslin ... St.	28 834	Schlawe ... St.	7 927
Bergen a. R. ... St.	4 633	Labes ... St.	5 885	Scholwin ... Lg.	2 204
Binz ... Lg.	2 376	*Lassau ... St.	1 889	Stargard ... St.	32 575
Bublitz ... St.	5 424	Lauenburg ... St.	17 133	Stettin ... St.	253 727
Bütow ... St.	8 873	Leba ... St.	2 329	Stolp ... St.	41 826
Cammin ... St.	5 640	Löcknitz ... Lg.	2 027	Stolpmünde ... Lg.	3 866
Daber ... St.	2 217	Loitz ... Lg.	3 624	Stolzenhagen ... Lg.	5 539
Demmin ... St.	12 783	Massow ... St.	3 375	Stralsund ... St.	39 404
Dramburg ... St.	6 358	Misdroy ... Lg.	3 614	Swinemünde ... St.	20 220
Eggesin ... Lg.	3 087	Naugard ... St.	6 302	Tempelburg ... St.	4 493
Falkenburg ... St.	5 246	Neustettin ... St.	15 518	Torgelow ... Lg.	6 805
Fiddichow ... St.	2 357	Nörenberg ... St.	2 609	Treptow a. R. .. St.	8 185
Finkenwalde ... Lg.	4 221	Pasewalk ... St.	11 743	Treptow a. T. .. St.	4 335
Frauendorf ... Lg.	5 987	Plathe ... St.	3 265	Tribsees ... St.	3 155
Freienwalde ... St.	2 986	Podejuch ... Lg.	5 586	Ückermünde ... St.	7 710
Gartz a. O. ... St.	3 548	Pölitz ... St.	4 975	Wangerin ... St.	2 936
Gollnow ... St.	11 615	Pollnow ... St.	3 470	Wolgast ... St.	7 189
Greifenberg ... St.	8 397	Polzin ... St.	5 850	Wollin ... St.	4 720
Greifenhagen ... St.	8 184	Pommerensdorf . Lg.	4 989	Zanow ... St.	2 657
Greifswald ... St.	26 383	Putbus ... Lg.	2 088	Ziegenort ... Lg.	2 374
Grimmen ... St.	4 557	Pyritz ... St.	9 085	Zinnowitz ... Lg.	2 191
*Gützkow ... St.	1 987	Rathsdamnitz ... Lg.	2 227	Züllchow ... Lg.	8 733

(* Nach der Volkszählung 1910 über 2000 Einwohner.)

3. Bevölkerung nach Gemeindegrößen 1925.

Größe der Gemeinden	Zahl d. Gemeinden	Einwohner	v. H. der Ges.-Bevölkg.
unter 100	1160	67 228	3,58
100 bis 499	2921	658 604	35,08
500 „ 999	291	190 112	10,13
1 000 „ 1 999	60	81 710	4,35
2 000 „ 4 999	43	136 472	7,27
5 000 „ 19 999	33	290 173	15,46
20 000 „ 99 999	6	199 298	10,62
100 000 und mehr	1	253 727	13,51
Zusammen	4515	1 877 324	100

4. Zuwachs und Verlust 1919/20.

Kreise	Zuwachs in ha	Verlust in ha
Lauenburg	5838,24	44,66
Stolp	—	99,54
Bütow	1685,50	820,02
Rummelsburg	97,17	—
Zusammen	7620,91	964,22

5. Berufsgliederung 1925.

(Wirtschaft und Statistik, 7. Jahrg., Nr. 5.)

Beruf	Berufszugehörige (Erwerbstätige u. Angehörige)	Erwerbstätige	Berufszugehörige auf 100 der Gesamtbev.	Auf 100 der Erwerbstätigen kommen Angehörige
Land- und Forstwirtschaft	774 404	465 770	41,2	66,3
Industrie und Handwerk	442 347	209 773	23,5	110,9
Handel und Verkehr	278 013	131 912	14,8	110,8
Verwaltung, Heerwesen usw.	94 819	44 480	5,1	113,2
Gesundheitswesen	23 858	14 061	1,3	69,6
Häusliche Dienste	68 167	53 393	3,6	27,7
Ohne Beruf	197 178	128 154	10,5	53,9
Zusammen	1 878 781	1 047 543	100	79,3

6. Berufsgliederung in der Landwirtschaft 1925.

Eigentliche Landwirtschaft ... 447 216

Forstwirtschaft, Fischerei, Gärtnerei ... 18 554

1. Landwirtschaftliche Eigentümer ... 66 050
2. Landwirtschaftliche Pächter ... 4 272
3. Administratoren, Betriebsleiter ... 632
4. Inspektoren ... 7 974
5. Kaufmännische Angestellte ... 1 313
6. Schweizer ... 6 404
7. Knechte und Mägde ... 44 541
8. Landwirtschafliche Arbeiter mit eigenem oder gepachtetem Lande ... 3 793
9. Landwirtschaftliche Arbeiter mit Deputat oder Dienstland. 41 036
10. Landwirtschaftliche Arbeiter ohne Land ... 97 923
11. Handwerker und Hilfsberufe ... 8 263
12. Mithelfende Familienangehörige ... 165 015

Zusammen: 447 216

7. Religionsgliederung.

Jahr	Gesamtbevölkerg.	Evangelische	Katholiken	Sonstige Christen	Juden	Dissidenten
1885	1 505 575	1 465 477	22 390	4371	13 281	46
1910	1 718 934	1 650 014	57 157	416	8 862	2 458
1925	1 878 781	1 787 691	65 897	2064	7 761	15 368

8. Natürliche Bewegung der Bevölkerung.

	1924	1925	1926
Eheschließungen	12 902	14 251	14 347
Ehescheidungen	789	854	
Geburten	44 445	45 509	42 321
Todesfälle	26 468	25 466	28 938

9. Stettins Bewohner 1720—1925.

Jahr	Einwohner	Jahr	Einwohner
1720	6 081	1850	44 104
1756	13 535	1861	64 330
1763	12 483	1871	76 280
1798	22 785	1880	91 756
1803	13 348	1890	116 228
1820	21 760	1900	210 702
1830	28 990	1910	236 113
1840	35 328	1925	253 727

10. Pommersche Seen.

(Nach Halbfaß.)

Name	Größe ha	Größte Tiefe m	Spiegel über NN m
Buckower See	1800	2	0,1
Dammscher See	5600	4,3	0,3
Dratzigsee	1862	83	128
Enzigsee	550	41	122
Jamunder See	2290	3	0,1
Garder See	2300	2,3	0,3
Jassener See	587	32	113
Gr. Kämmerer See	492	36	135
Kampsee	620	2,5	0,3
Lebasee	7530	5,3	0,3
Gr. Lübbesee	1485	46	96
Madüsee	3600	42	14
Papenzinsee	535	40	175,6
Pielburger See	933	54	130
Plönesee	830	4	17
Vietzker See	1125	4,5	0,2
Vilmsee	1830	6	132,5
Virchowsee	772	22	141
Vitter See	850	2	0,0
Wotschwinsee	832	30	79

Verteilung der Bevölkerung auf Stadt und Land in den Jahren 1925 und 1900

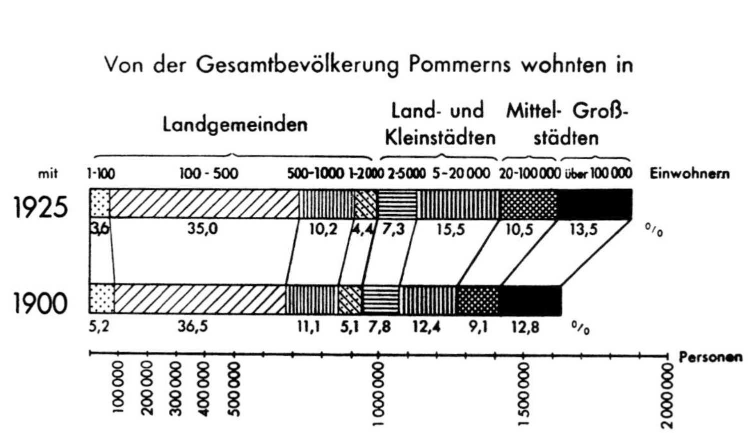

Anwachsen der Bevölkerung in Pommern 1816–1925

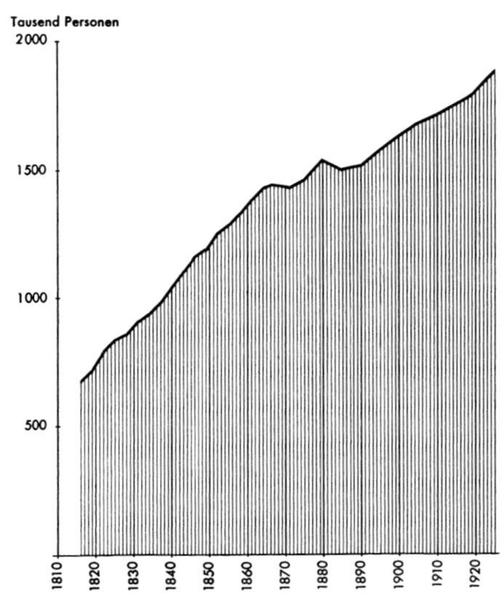

II. Landwirtschaft.

1. Moorboden (Humus) Pommerns.

(Nach der Prov.-Moor-Kommission.)

Kreise	Humusboden in ha	% der Gesamtfläche	Kreise	Humusboden in ha	% der Gesamtfläche
Anklam	16 300	25,12	Dramburg	9 800	8,36
Cammin	29 300	25,79	Köslin	10 900	14,50
Demmin	12 200	12,39	Kolberg-Körlin	15 000	26,9
Greifenberg	17 600	23,04	Lauenburg	21 900	17,82
Greifenhagen	13 200	13,69	Neustettin	23 800	11,68
Naugard	18 200	14,82	Rummelsburg	11 300	9,85
Pyritz	13 200	12,63	Schivelbein	5 100	10,16
Randow	25 900	19,04	Schlawe	23 300	14,71
Regenwalde	12 600	11,09	Stolp	24 300	10,72
Saatzig	17 400	14,26	R.-B. Köslin	185 200	13,20
Stettin	4 100	50,27			
Ückermünde	16 500	19,38	Franzburg	17 100	15,25
Usedom-Wollin	16 000	23,22	Greifswald	13 300	13,82
R.-B. Stettin	212 500	17,58	Grimmen	14 100	14,70
			Rügen	8 800	9,09
Belgard	17 000	15,08	R.-B. Stralsund	53 300	13,29
Bublitz	6 000	8,51			
Bütow	6 800	11,17	Provinz	451 000	14,53

2. Bodenbenutzung im Jahre 1925.

Kreise, Regierungs-Bezirke, Provinz	Ackerland ha	Grünland (Wiesen, Viehweiden, Dauerweiden, auch geringe Weiden und Hutungen) ha	Verhältnis: Grünland zu Ackerland
Anklam	36 175	17 364	1 : 2,08
Cammin	48 910	23 786	1 : 2,05
Demmin	67 107	14 312	1 : 4,68
Greifenberg	44 491	17 786	1 : 2,5
Greifenhagen	51 615	14 217	1 : 3,63
Naugard	63 136	20 782	1 : 3,03
Pyritz	74 543	13 666	1 : 5,45
(Stadt) Stettin	601	3 039	1 : 0,20
Randow	66 563	26 223	1 : 2,53
Regenwalde	75 674	13 637	1 : 5,54
(Stadt) Stargard	2 926	574	1 : 5,09
Saatzig	74 568	15 827	1 : 4,07
Ückermünde	18 155	15 498	1 : 1,17
Usedom-Wollin	21 246	17 889	1 : 1,18
Reg.-Bez. Stettin	645 710	214 600	1 : 3,0
Belgard	64 147	14 971	1 : 4,28
Bublitz	32 092	6 812	1 : 4,71
Bütow	27 346	6 464	1 : 4,23
Dramburg	54 472	10 220	1 : 5,32
(Stadt) Köslin	2 465	322	1 : 7,65
Köslin	36 181	11 859	1 : 3,05
(Stadt) Kolberg	1 590	1 364	1 : 1,16
Kolberg-Körlin	57 798	12 637	1 : 4,57
Lauenburg	57 180	19 051	1 : 3,0
Neustettin	111 933	24 110	1 : 4,64
Rummelsburg	47 444	10 035	1 : 4,72
Schivelbein	31 461	5 172	1 : 6,08
Schlawe	78 095	25 060	1 : 3,11
(Stadt) Stolp	2 568	505	1 : 5,08
Stolp	110 059	31 027	1 : 3,54
Reg.-Bez. Köslin	714 831	179 609	1 : 3,97
Franzburg	61 756	18 421	1 : 3,35
(Stadt) Greifswald	1 290	468	1 : 2,75
Greifswald	55 428	16 976	1 : 3,26
Grimmen	62 026	16 848	1 : 3,68
Rügen	61 914	12 629	1 : 4,9
(Stadt) Stralsund	686	136	1 : 5,04
Reg.-B. Stralsund	243 100	65 478	1 : 3,71
Provinz Pommern	1 603 641	459 687	1 : 3,48
(1926: Prov. Pommern	1 605 504	460 309	1 : 3,49)

3. Wald nach der Bodenbenutzung 1923.

Kreise	Waldfläche in % der Kreisfläche	Privatwald in % der Kreisfläche	Kreise	Waldfläche in % der Kreisfläche	Privatwald in % der Kreisfläche
Anklam	11,6	9	Bütow	27,7	8
Cammin	26,4	16,5	Dramburg	27,8	18
Demmin	9,1	4,5	Kolberg-Körlin	10,7	9
Greifenberg	9,8	6	Köslin	19,6	13,5
Greifenhagen	19,7	4	Lauenburg	25,2	21,5
Naugard	24,6	5	Neustettin	18,2	14
Pyritz	5,5	4	Rummelsburg	38,3	32
Randow	18,2	8,5	Schivelbein	15	11,5
Regenwalde	16	16	Schlawe	22,2	14,5
Saatzig	13	8	Stolp	23,1	19,5
Ückermünde	58	7	Franzburg	18,2	7
Usedom-Wollin	29	5	Greifswald	15,6	7
Belgard	22,2	21,5	Grimmen	12,3	4,5
Bublitz	33,1	22,3	Rügen	18,5	8,5

4. Landwirtsch. Produkte in t.

Art	1894	1913	1925	1926
Roggen	352 148	932 714	455 432	625 204
Weizen	90 547	175 145	48 043	99 795
Gerste	73 506	143 679	73 955	143 803
Hafer	284 040	719 762	284 013	550 712
Kartoffeln	1 636 617	4 052 306	3 903 760	3 038 959
Zuckerrüben	394 962	994 314	635 956	686 897
Wiesenheu	694 935	1 284 784	1 087 281	1 225 743

5. Viehzucht.

Jahr	Pferde	Rindvieh	Schafe	Schweine
1873		486 698	3 200 000	328 000
1892	200 585	598 254	1 851 813	634 293
1913	245 077	862 080	714 435	1 329 794
1918	204 945	697 579	653 090	564 473
1925	268 636	808 248	675 669	1 077 076
1926	264 475	807 741	571 569	1 293 246

6. Fischerei.

	1925	1926	
Ostsee	161 057 dz	194 707 dz	Fische
darunter	51 690 „	61 881 „	Flundern
Stett. Haff	50 343 „	46 357 „	Fische

Fischwasserflächen

a) der Binnengewässer .... ca. 90 000 ha

b) des Stett. Haffs .... „ 79 800 „

7. Landwirtschaftliche Schulen in:

Anklam, Belgard a. d. Pers., Bergen a. Rüg., Bublitz, Bütow, Cammin, Demmin, Eldena bei Greifswald, Falkenburg, Freienwalde, Gartz a. d. O., Greifenhagen, Kolberg, Köslin, Lauenburg, Naugard, Neustettin, Pölitz (Kreis Randow), Pyritz, Regenwalde, Rügenwalde, Rummelsburg, Schivelbein, Stolp, Stralsund, Treptow a. d. R. und Wollin.

III. Handel und Verkehr.

1. Bahnen 1924.

Reichsbahn	746,5	km	Hauptbahnen
Reichsbahn	1 558,3	„	Nebenbahnen
Privatbahn	92,2	„	Nebenbahnen
Kleinbahnen	1 604,0	„	
Insgesamt	4 001,0	km	Bahnschienen

2. Bahngüterverkehr (ohne Vieh) in 1000 t.

	1924	1925	
Inlandverkehr	4 042	4 578	Versand
	4 819	5 933	Empfang
Auslandverkehr	229		Versand
	257		Empfang

3. Wichtige Hauptgüter im Hafen von Stettin.

a) Einfuhr in t zu 1000 kg

Art	1926	1925	1924
Getreide	39 695	38 742	20 177
Leinsaat	120 151	101 400	46 251
Bau- und Nutzholz	24 958	141 940	24 728
Heringe	85 794	85 903	84 385
Steine und Erden	143 261	114 341	78 657
Eisenerz	600 784	994 710	734 695
Schwefelkies	97 347	125 016	69 019
Steinkohl. u. Brik.	338 870	623 839	506 089
Eisen u. Maschinen	97 698	143 993	54 507
Phosphat	64 137	174 745	132 324
Papierholz	176 865	153 913	23 965

b) Ausfuhr in t zu 1000 kg

Art	1926	1925	1924
Getreide	203 241	159 069	45 274
Heringe	16 585	12 137	16 904
Stärke	36 417	33 092	9 625
Mehl	79 125	48 914	10 712
Zucker	245 312	201 910	167 191
Zement	35 059	32 000	26 000
Kohlen u. Briketts	2 489 330	52 605	31 033
Eisen u. Maschin.	86 327	47 636	25 474
Zink	22 988	18 944	2 942
Bau- u. Nutzholz	161 582	85 970	78 098
Papier	82 443	56 807	29 173

4. Kraftfahrzeuge im Reg.-Bez.

	1925			1926		
	Stettin	Köslin	Stralsund	Stettin	Köslin	Stralsund
Krafträder	1528	1142	502	2367	1719	715
Kraftwagen f. Pers.	1812	1417	575	2661	1508	709
Kraftwag. f. Lasten	564	377	82	719	367	97

5. 1925 sind in der Provinz:

1772 km Kreisstraßen

7785 „ Provinzialstraßen

9557 km

6. Stettiner Heringsimport.

1912 .... 625 000 Fässer

1913 .... 724 000 „

1923 .... 577 000 „

1924 .... 641 000 „

IV. Industrie und Gewerbe.

1. Industrie und Gewerbe 1925.

Betriebe 81 026

Beschäftigte Personen 336 304

davon männlich . 261 284

davon weiblich ... 75 020

Maschinenleistg. 261 947 PS

davon Wind, Wasser, Dampf ...... 86 010 PS

Elektromotore 175 937 PS

Leistung der vorhandenen Kraftfahrzeuge aller Art ... 1 134 673 PS

2. Wichtige Gewerbegruppen 1925.

Art	Zahl der Niederlassungen	Zahl der beschäft. Personen
Industrie der Steine und Erden	538	11 479
Maschinen und Fahrzeugbau	783	20 747
Holzgewerbe	4 806	21 815
Nahrungs- und Genußmittelgewerbe	7 149	31 795
Bekleidungsgewerbe	16 675	31 066
Baugewerbe	5 638	34 746
Handelsgewerbe	24 678	67 430
Verkehrswesen	3 225	38 609
Gast- und Schankwirtschaft	7 272	21 457

V. Klima.

(30-jähriger Durchschnitt.)

1. Mittlere Lufttemperatur.

Gebiet	Winter	Frühling	Sommer	Herbst	Jahr
Seenplatte	−2,5	+5,6	+16,4	+7,4	+6,7
Küste östlich der Oder	−1,1	+5,8	+16,1	+7,9	+7,2
Küste westlich d. Oder	−0,2	+6,1	+16,6	+8,4	+7,7
Abdachung zur Oder	−0,2	+7,5	+17,5	+8,7	+8,4

2. Mittlere Niederschläge in mm.

Gebiet	Winter	Frühling	Sommer	Herbst	Jahr
Landrücken: SO-Abhang	99	115	209	123	546
Landrücken: NW-Abhang	145	154	250	156	705
Landrücken: Mitte	91	131	251	153	626
Küste östlich der Oder	117	131	206	162	616
westlich der Oder: Festland	104	112	215	104	535
westlich der Oder: Rügen	109	97	183	125	514
Abdachung zur Oder	100	119	195	119	533

VI. Verschiedenes.

1. Geschichtliche Zahlen.

1187 Jakobikirche Stettin.

1456 Universität Greifswald.

1528 Papiermühle Hohenkrug.

1637 Erlöschen des Greifengeschlechts.

1822—27 erste pommersche Chaussee Stettin—Gartz.

1843 Berlin-Stettiner Eisenbahn.

1857 Vulkan, Stettin.

2. Gesundheitspflege 1925.

Ärzte (31 beamtete)	842
Zahnärzte	224
Dentisten	400
Apotheker	310
Apotheken	162
Allgemeine Krankenhäuser	97
Irrenanstalten	8
Augenheilanstalten	3
Entbindungsanstalten	2
Tierärzte	283

3. Versicherungswesen 1925.

53 Ortskrankenkassen mit .... 196 655 Mitgl.

29 Landkrankenkassen mit ... 234 009 „

82 Betriebskrankenkassen mit . 57 557 „

22 Innungskrankenkassen mit 8 857 „

186 Krankenkassen mit .... 497 078 Mitgl.

(Auf 100 Einwohner 26 Versicherte.)

4. Auswanderer (überseeische).

1925: 1430, darunter nach U. S. A. 1188

1926: 1034, darunter nach U. S. A. 862

5. Turnen und Sport 1. 1. 1926.

	Zahl der Vereine	Vereinsmitglieder männlich	Vereinsmitglieder weiblich	insgesamt
Deutsche Turnerschaft	308	24 309	6 766	31 075
Arbeiter-Turn- und Sportbund	119	7 546	1 320	8 866
Zusammen	427	31 855	8 086	39 941

Abbildungsverzeichnis

Wir danken der Staatsbibliothek Berlin, Preußischer Kulturbesitz und der Stadtbibliothek Braunschweig für die Überlassung der Karten und Abbildungen aus:

Griebens Reise-Bibliothek Bd. 65: Die Insel Rügen
Berlin: Goldschmidt, 1889
Karten: S. 26 (2)

Griebens Reiseführer Bd. 94/95: Swinemünde, Ahlbeck, Heringsdorf, Bansin
Berlin: Grieben, 1921
Karten: S. 21, 22, 22/23

Die Deutsche Ostseeküste: Handbuch für Reisende von Karl Baedeker
Leipzig: Baedeker, 1922
Karten: S. 22, 23, 25

Terramare-Reisebücher: Die Ostseeküste.
1. Teil: Von Flensburg bis Stettin
Berlin: Neue Verlagsanstalt, 1924
Abb.: S. 21 (3), 23 (2), 26 (5), 69 (unten 2)

Führer durch Greifswald und Umgebung/neubearb. von Karl Beykuffer
Greifswald: Abel, 1926
Abb.: 76 (oben links)

Pommern/aufgenommen von der Staatlichen Bildstelle ... beschrieben von Fritz Adler, Carl Fredrich und Otto Schmitt
Berlin: Deutscher Kunstverlag, 1927
Abb.: 33, 35 (3), 36 (4), 37 (5), 38 (3), 39, (2), 40 (5), 41 (2), 42 (4), 43 (3), 45 (unten), 46 (3), 47 (3), 48 (3), 49 (3), 50 (3), 53 (4), 54 (6), 55 (3), 56 6), 57 (6), 58 (3), 59 (3), 60 (3), 61, 70 (3), 72 (3), 75 (2 oben)

Heimatatlas für Pommern/hrsg. von E. Gohrbandt und K. Reinke
Leipzig: List & von Bressendorf, (1928)
Abb.: S. 3
Karten: S. 10, 11, 12, 13, 14, 15, 18/19, 24, 27, 28, 29, 30, 31

Die Universität Greifwald: Hundert Bilder.../von Ernst Lucht
Düsseldorf: Lindner, 1930
Abb.: S. 44 (3), 70 (unten rechts), 75 (mittig), 76 (unten), 81 (2. Reihe links)

Wirtschafts- und verkehrsgeographischer Atlas von Pommern / hrsg. v. d. Geographischen Institut der Ernst-Moritz Arndt-Universität Greifswald
Stettin: Ostsee-Druck u. Verlag, 1934
Karten: S. 9, 20 (2), 32, 73 (2), 74 (2), 77
Tab.: 82 (2)

Der Kreis Rummelsburg: Ein Heimatbuch/ hrsg. vom Kreisausschuß d. Kreises Rummelsburg
Stettin: Saunier, 1938
Abb.: S. 51 (unten), 52 (4),

Friderizianische Pfälzerkolonien in Brandenburg und Pommern/Otto Gebhard
Stettin: Saunier, 1939
Abb.: S. 78 (5)

Caspar David Friedrich und seine Heimat / von Kurt Wilhelm-Kästner u.a.
Berlin: Nicolai, 1940
Abb.: 76 (mittig), 79 (unten rechts)

Pommern in 1440 Bildern/hrsg. von Klaus Granzow
Leer: Rautenberg, 1986
Abb.: S. 45 (oben), 51 (oben)

Ausgewählte Einzelkarten aus der Staatsbibliothek Berlin, Preußischer Kulturbesitz:
Karten: S. 16/17, 63, 64

Aus dem Verlagsarchiv:
Abb.: Titelbild ; S. 62, 69, 75 (unten), 79 (2. Reihe Mitte), 80 (oben rechts), 81 (2 ; Reihe unten Mitte u. rechts)
Karten: S. 65, 66/67, 69 (rechts oben)

akg-images
Karten: S. 68, 79 (7), 80 (oben mittig; Reihe 2 und 3), 81 (6 ; Reihe oben, 2. Reihe links und rechts; 3. Reihe links)

ullstein-bilderdienst
Abb.: 80 (oben links)